和谐校园文化建设读本

忠孝佳话

ZHONGXIAO JIAHUA

隋立华/编写

吉林教育出版社

图书在版编目(CIP)数据

忠孝佳话 / 隋立华编写. — 长春：吉林教育出版社，2012.6（2018.2 重印）
（和谐校园文化建设读本）
ISBN 978－7－5383－8788－9

Ⅰ．①忠… Ⅱ．①隋… Ⅲ．①品德教育－中国－青年读物②品德教育－中国－少年读物 Ⅳ．①D432.62

中国版本图书馆 CIP 数据核字(2012)第 116000 号

忠孝佳话　　　　　　　　　　　　　　　　　　　　　　　隋立华　编写

策划编辑　刘　军　　潘宏竹
责任编辑　刘桂琴　　　　　　　　　　　　　　**装帧设计**　王洪义

出版　吉林教育出版社（长春市同志街 1991 号　邮编 130021）
发行　吉林教育出版社
印刷　北京一鑫印务有限责任公司
开本　710 毫米×1000 毫米　1/16　　13 印张　　**字数**　165 千字
版次　2012 年 6 月第 1 版　2018 年 2 月第 2 次印刷
书号　ISBN 978－7－5383－8788－9
定价　39.80 元

编　委　会

主　　编：王世斌

执行主编：王保华

编委会成员：尹英俊　尹曾花　付晓霞

刘　军　刘桂琴　刘　静

张　瑜　庞　博　姜　磊

潘宏竹

（按姓氏笔画排序）

总 序

千秋基业，教育为本；源浚流畅，本固枝荣。

什么是校园文化？所谓"文化"是人类所创造的精神财富的总和，如文学、艺术、教育、科学等。而"校园文化"是人类所创造的一切精神财富在校园中的集中体现。"和谐校园文化建设"，贵在和谐，重在建设。

建设和谐的校园文化，就是要改变僵化死板的教学模式，要引导学生走出教室，走进自然，了解社会，感悟人生，逐步读懂人生、自然、社会这三部天书。

深化教育改革，加快教育发展，构建和谐校园文化，"路漫漫其修远兮"，奋斗正未有穷期。和谐校园文化建设的研究课题重大，意义重要，内涵丰富，是教育工作的一个永恒主题。和谐校园文化建设的实施方向正确，重点突出，是教育思想的根本转变和教育运行机制的全面更新。

我们出版的这套《和谐校园文化建设读本》，全书既有理论上的阐释，又有实践中的总结；既有学科领域的有益探索，又有教学管理方面的经验提炼；既有声情并茂的童年感悟，又有惟妙惟肖的机智幽默；既有古代哲人的至理名言，又有现代大师的谆谆教诲；既有自然科学各个领域的有趣知识，又有社会科学各个方面的启迪与感悟。笔触所及，涵盖了家庭教育、学校教育和社会教育的各个侧面以及教育教学工作的各个环节，全书立意深邃，观念新异，内容翔实，切合实际。

我们深信：广大中小学师生经过不平凡的奋斗历程，必将沐浴着时代的春风，吸吮着改革的甘露，认真地总结过去，正确地审视现在，科学地规划未来，以崭新的姿态向和谐校园文化建设的更高目标迈进。

让和谐校园文化之花灿然怒放！

本书编委会

目录

第一部分　忠烈风范垂青史

忠烈名士

比　干

—— 观窍剖心，固守诚节

人物简介

　　比干，子姓，沫邑人（今卫辉市北）。生于殷武乙丙子之七祀（公元前1125年夏历四月初四日），卒于公元前1063年。一生忠君爱国，倡导"民本清议，士志于道"。为殷商贵族，商王太丁之子，名干。比干幼年聪慧，勤奋好学，20岁就以太师高位辅佐帝乙，又受托孤重辅帝辛。比干从政40多年，主张减轻赋税徭役，鼓励发展农牧业生产，提倡冶炼铸造，富国强兵。比干是殷帝丁的次子，帝乙的弟弟，帝辛（即纣王）的叔父，官少师（丞相）。受其兄帝乙的嘱托，忠心辅佐侄儿——幼主纣王。帝辛戊寅三十二祀冬十月二十六日被纣王残杀，终年63岁。

比干像

相关故事

比干挖心

　　纣王即位之初的表现，能称得上英明君主，他亲率大军东征徐夷（今徐州一带），在战场上往来冲杀，骁勇无比，吓得徐夷酋长反绑着双手、口衔国宝玉璧、穿着孝服、拉着棺材向纣王投降。纣王率领军队一直打到长江下游地区，东夷部落纷纷臣服。当纣王凯旋时，比干带着文武大臣，步行几十里前往迎接，当时的民谣甚至唱道：纣王江山，铁桶一般……

但很快纣王就"腐化堕落"了,他大兴土木,强迫奴隶为他修建宫殿,还建造了一座高高的摘星楼,整天在上面与美女、美酒相伴,朝朝笙歌,夜夜曼舞,从此商朝的国都就改名为朝歌(今淇县)了。

史书上记载纣王的种种劣迹完全能让读者忘记他曾经的功劳,而且每一桩都少不了坏女人妲己。有一次纣王正和妲己饮酒,远远望见一老一少正在渡河,小的走在前面,已经过河而去,老的落在后面犹豫不前。纣王说:小孩骨髓旺,不怕冷;老人骨髓空,怕冷。妲己不信,纣王就命士兵把两人抓来,用斧子砸开他们的腿骨让妲己看。这条河从此被叫做"折胫河"。比干看到纣王的所作所为,就坦率地直谏,并带着他去太庙祭祀祖宗,给他讲历代先王的故事:商汤创业时的艰难;盘庚用茅草盖屋;武丁和奴隶一起砍柴锄地;祖甲约束自己,喝酒从来不过三杯,唯恐过量误国……

纣王虽然表面点头称是,但并不真正改过,而且愈加荒淫暴虐。他不但在王宫里"流酒为池,悬肉为林",而且还表演"真人秀","令男女裸而相逐其间,是为醉乐"。纣王的爱妃妲己喜欢看人受虐的情景,有一种叫做炮烙的刑具,就是她发明的:用铜做成空心的柱子,行刑的时候,把犯人脱光衣服绑在柱子上,再把烧红的炭火放进铜柱子中……

妲己说她有辨认腹中胎儿是男是女的本领,纣王就抓来 100 个孕妇试验。妲己让她们先坐下再站起来,然后对纣王说:先抬左腿者是男,先抬右腿者是女。纣王不信,妲己就命人当场剖腹检验……

比干看到纣王和妲己害人取乐的场面,气得浑身发抖,一边自言自语"我是皇伯,强谏于王",一边疾步走到纣王面前,直言他的错误,并且请求将妲己斩首,全门赐死!纣王愤愤地坐在那里,一句话也不说。比干继续说:"当年汤王时,天下大灾,饿殍塞途,汤王下车抚尸而哭,自责无德。又立即开仓济贫,饥者得食,寒者得衣,天下称颂。你今天的作为与先王的仁政背道而驰,若不悔改,天下就危险啦!"纣王听完气得拂袖而去。

比干回到家中,请来箕子和微子商议,让他们向纣王进谏。第二天,箕子去劝纣王，纣王却将箕子的头发剪掉，把他囚禁起来；微子进谏，纣王依然不听，微子只好抱着祖先的祭器远走他乡；大臣辛甲进谏了 75 次，纣王丝毫不改，于是投奔了周文王。许多大臣看到纣王已经无可救药了，纷纷弃商投周。纣王已经落到了众叛亲离的地步。而此时，周武王率军东征，已经打到了孟津，背叛殷商来和周会盟的大小诸侯有 800 多个，商王朝已是风中残烛了。

比干觉得为人臣子不能像微子那样说走就走，就是杀头挖心也得据理力争。"主过不谏非忠也，畏死不言非勇也，即谏不从且死，忠之至也。"他冒着灭族的危险，连续三天进宫抨击纣王的过错。纣王被比干批评得无言以对，恼羞成怒地喝问："你为什么这样坚持？"比干说："君有诤臣，父有诤子，士有诤友，下官身为大臣，进退自有尚尽之大义！"纣王又问："何为大义？"比干答："夏桀不行仁政，失了天下。我王也学此无道之君，难道不怕丢失了天下吗？我今日进谏，正是大义所在！"纣王听到这里勃然大怒，于是说："吾闻圣人之心有七窍，信有诸？"说罢，命人剖胸取心，比干毫无惧色，慷慨就戮……

天下第一碑

比干庙里有个石碑，是孔子用剑刻的碑，上书"殷比干莫"几个字，因为这是孔子留在世上的唯一真迹，被称为"天下第一碑"。因为碑下就是土地，所以孔子写个"莫"而不是"墓"字。公元前 497 年，孔子 55 岁，这年春天他从鲁国来到了卫国，住在大夫颜仇家里，汲县属卫国（淇县）管辖，孔子在卫得不到卫灵公重用，就带着徒弟到匡城蒲乡（今河南长垣），经过牧野，忽然车子坏了，他问左右这是什么地方？答曰：卫地。孔子非常激动，说这是仁人之墓，恭敬地举行了祭奠，挥剑刻下四字"殷比干莫"。"莫"与"墓"在古代是通假的。后来，有个好为人师的县令看到这块墓碑，讥笑孔子写了错别字，就拔剑刻上一"土"字，刚刻好，乌云滚滚，雷声大作，"轰隆"一声，将"土"字劈掉，就成了现在这样一块残碑。

相关评论

比干是历史上第一个以死谏君的忠臣，被誉为“亘古第一忠臣”“国神比干”。比干是商纣王的叔父，又是丞相，比干对纣王倒行逆施的暴虐统治不满，多次向他进谏。纣王不听，比干最后只好以死相谏，死后葬在新乡卫辉。

在中国几千年的官僚历史上，忠臣劝谏可谓一道独特的风景，为人臣者因直谏而遭难甚至付出生命代价的几乎历朝历代都有，文学作品中类似的情节更是比比皆是，其中无疑有比干的“模范”作用。3000多年前，比干就为后人创造了一个难以逾越的“死忠”标准，正如后人评价的“自古拒谏之君莫甚于纣，自古死忠之臣莫甚于比干”。

相关链接

中华文化图腾 道教尊神

比干原是上神，在古道教吴道子时代就创入道教辅佐玉皇大帝，直到元代：一代祖元升元世祖皇帝敕封“广福万隐宫赐——元化真人”，二代祖道熙赐号“静应弘仁金熄真人”，三代祖志冲赐号“太已修真保和真人”，四代祖萧扶道赐号“广福真人”，五代祖萧抱珍忽必烈大王赐号“微妙大师”等，历代创教人兼理忠太师庙。直到大清康熙六十年辛丑仲秋，命二十代弟子掌院住持。保护道宗国神文化的正确发扬。

中国道教国神文化，是“日识月云时”的文化财富。民富国强，民族团结即：人与自然和谐相处，“天人合一”。

“日月丽乎天，百穀草木丽乎土”。国神比干是主管万物生长规律的文化图腾。“道生一，一生二，二生三，三生万物，万物合一，天地同寿，日月同辉”。国神比干身后有雯华，雯华管赤昙和素雯。

“雯”，云文也。又石文似云，亦曰雯华。解释：云彩。《集韵·二十文》：“云成章曰雯”；《古三坟·爻卦大象》：“日云赤昙，月云素雯。”彩云是有纹彩的云霞，两云呈彩即“雯”，寓有纯净美好的意思。

比干墓坊（石坊含义：日识月云时）

雯华管寿年神，赤暠管日春神，素雯管月财神。年神、春神、财神称为吉星。国神管彩云，彩云管吉星。

伯夷、叔齐

——非圣贤而能若是

人物简介

《史记》记载：伯夷、叔齐虽贤，得夫子而名益彰。颜渊虽笃学，附骥尾而行益显。岩穴之士，趣舍有时若此，类名湮灭而不称，悲夫！闾巷之人，欲砥行立名者，非附青云之士，恶能施于后世哉？

伯夷，生卒年不详，姓墨胎，名允，字公信，谥夷，后人称之为伯夷，商末孤竹国君长子。叔齐，生卒年亦不详，名致，字公达，谥齐，后人称之为叔齐，商末孤竹国君少子。

相关故事

夷齐让国

伯夷和叔齐是商朝末年孤竹国国君的两个儿子。伯夷是老大，叔齐是老三。由于叔齐聪明伶俐，很得孤竹国君的喜爱，于是老国君就准备把君位传给叔齐。但是，按照当时的规矩，君位一般都要传给长子，传给老三则名不正，言不顺。孤竹国君虽然没有明说，但是，伯夷已经看出了父亲的想法。

过了几年，老国君得了重病，从此卧床不起了。眼看老国君将不久于人世，到了该确定君位的时候了。伯夷想：父亲一直想让叔齐接任国君，如果我还待在宫里，父亲的愿望将很难表达。于是，他借为父亲寻找草药为名离家出走，从此一去不复返了。

老二、老三在家等着伯夷的消息。等啊！等啊！一直没有大哥的消息。老国君去世了，大哥还没有回来。叔齐已经意识到大哥是有意避开了，好让自己顺利地当上国君。叔齐想：自己是老三，即使大哥不在，也应该由二哥继位呀。于是叔齐决定去找大哥，劝说大哥回来继位。一天早晨，天还没有亮，叔齐就悄悄溜出家门，一个人找哥哥去了。

孤竹国的大臣们见老大和老三相继离开，只好立老二做了国君。

叔齐在外面找啊找啊，找了一天又一天，找了一月又一月。功夫不负有心人，一个偶然的机会，叔齐终于找到了伯夷。叔齐劝伯夷回去，伯夷又劝叔齐回去，两人争执了半天，最后叔齐说："咱们两个也别在这儿争执了，国家不能一日无君，咱们出来了这么多天，一定是二哥当上国君了。咱们两个不管谁回去，不都是又要把二哥挤下来吗？咱们干脆就都不要回去了。"

有家不能回，又能到哪里去呢？他们听说周国的西伯昌是一个非常仁义的君主，去投靠他一定能够被接纳。于是，他们决定去投靠西伯昌。

春秋战国时期形成的儒家学派，对他们让国的行为非常赞赏，评论这件事情说："能以国让，仁孰大焉？伯夷顺乎亲，叔齐恭乎兄。"对他们给以很高的评价。

不食周粟

话说伯夷和叔齐兄弟二人为了让国，最后决定去投靠西伯昌。二人历经了千辛万苦，终于到达了周国，果然受到了西伯昌的热情接待，他们就这样在周国住下了。

许多年过去了，伯夷和叔齐都成了白发苍苍的老人。这时候，西伯昌死了，西伯昌的儿子姬发（周武王）继位。姬发执政不像他的父亲那样温和，即位不久，就以周文王的名义去讨伐商纣王。讨伐无道的商纣王本来是正义之举，而在伯夷和叔齐的眼里，这种行动却是以下犯上、大逆不道的，他们决定冒死去谏阻周武王。

大军就要出发了，伯夷和叔齐跪在周武王的战车前，拦住武王的战马，他们大声斥责武王说："你打着你父亲的旗号出征，是不孝；以下犯上去进攻商王，是不义；你率兵去攻打主人，难道是做臣子的本分吗？"姬发的卫兵要杀害他俩，军师姜尚劝解说："这是讲义气的人呀，不要杀害他们。"于是就命人把他俩扶走了。后来周武王与商纣王大战于牧野，血流漂杵。由于商纣王阵前的奴隶兵倒戈，周武王才取得了决定性的胜利，灭掉了商朝，建立了新的王朝周朝，这时正是公元前1046年。

伯夷和叔齐认为这种做法太可耻了，于是就发誓再不吃周朝的粮食。但是当时各地都属于周朝了，他们就相携着到首阳山上采野菜吃。在采野菜时，他们还唱着歌说："上那个西山哪，采这里的薇菜。用那强暴的手段来改变强暴的局面，我真不理解这样做算是对呀？先帝神农啊，虞舜啊！这样的盛世，恐怕不会有了。我们上哪里去呢，真可叹啊！我的生命就要结束了。"于是就饿死在首阳山之上。

李唐《采薇图》

相关评论

伯夷、叔齐独行其志，耻食周粟，饿死在首阳山以后，在全国产生了广泛的影响。许多名人，包括著名思想家、政治家、史学家、艺术家、文人学者、帝王将相纷纷以各种形式歌颂、褒扬伯夷和叔齐。

有用文字的形式来记载伯夷、叔齐的。如：孔子在《论语》中曾先后多次赞颂伯夷、叔齐，评价伯夷、叔齐为"古之贤人也"；孟子评价夷齐为"圣之清者"；汉代史学家司马迁所著的《史记》，把《伯夷列传》作为人物列传的首篇；唐宋八大家之首的韩愈也写过一篇《伯夷颂》，赞颂伯夷、叔齐说："若伯夷者，特立独行，穷天地亘万世而不顾者也。虽然，微二子，乱臣贼子接迹于后世矣"。夷齐的让国精神和耻食周粟的高尚气节，也使各代诗人深受感动而将他们的事迹写入自己的作品中。如：著名的爱国诗人屈原在《九章·橘颂》中把夷齐作为自己为人处世的榜样，"行比伯夷，置以为像兮"；南宋民族英雄文天祥，在被俘囚禁期间，曾写过一首《和夷齐西山歌》："彼美人兮，西山之薇矣。北方之人兮，为吾是非矣。异域长绝兮，不复归矣。"南宋著名画家李唐以伯夷、叔齐耻食周粟，采薇而食，最后饿死在首阳山为题材，画了一幅《采薇图》。此画系国家一级文物，现收藏于故宫博物院。到夷齐庙祭祀伯夷、叔齐的达官贵人、文人学者、平民百姓，包括国外志士仁人，更是不计其数。

范仲淹书法《伯夷颂》

相关链接

《封神演义》中对伯夷、叔齐的赞诗

昔阻周兵在咸阳，忠心一点为成汤。

三分已去犹啼血，万死无辞立大纲。

水土不知新世界，江山还念旧君王。

可怜耻食周朝粟，万古常存日月光。

屈　原

——香草美人，江上孤忠

人物简介

屈原（前340—前278），名平，字原，通常称为屈原，又自云名正则，号灵均，汉族，战国末期楚国丹阳（今湖北秭归）人，楚武王熊通之子屈瑕的后代。屈原虽忠事楚怀王，却屡遭排挤，怀王死后又因顷襄王听信谗言而被流放，最终投汨罗江而死。屈原是中国最伟大的浪漫主义诗人之一，也是我国已知最早的著名诗人，世界文化名人。他创立了"楚辞"这种文体，也开创了"香草美人"的传统。代表作品有《离骚》《九歌》等。

屈原像

相关故事

忧国忧民成《离骚》

战国时代，称雄的秦、楚、齐、燕、赵、韩、魏七国，争城夺地，互相杀伐，混战连年不断。那时，楚国的大诗人屈原，正当青年，为楚怀王的左徒官。他见百姓受到战争灾难，十分痛心。屈原立志报国为民，劝怀王任用贤能，爱护百姓，很得怀王的信任。

那时西方的秦国最强大，时常攻击六国。因此，屈原亲自到各国去联络，要用联合的力量对付秦国。怀王十一年，屈原的外交成功了。楚、齐、燕、赵、韩、魏六国君王齐集楚国的京城郢都，结成联盟，怀王成了联盟的领袖。联盟的力量，制止了强秦的扩张。屈原更加得到了怀王的重用,很多内政、外交大事,都凭屈原做主。

屈原图

因而,楚国以公子子兰为首的一班贵族,对屈原非常忌恨,常在怀王面前说屈原的坏话。说他独断专权,根本不把怀王放在眼里。挑拨的人多了,怀王对屈原渐渐不满起来。秦国的间谍把这一情况报告给秦王,秦王早想进攻齐国,只碍着六国联盟,不敢动手,听到这个消息,忙把相国张仪召进宫来商量。张仪认为六国中间,齐、楚两国最有力量,只要离间这两国,联盟也就散了。他愿意趁楚国内部不和的机会,亲自去拆散六国联盟。

秦王大喜，准备了金银财宝，交给张仪带去。张仪将相印交还秦王，伪装辞去秦国相位，向楚国出发。张仪到了郢都，先来拜访屈原，说起了秦国的强大和秦楚联合对双方的好处，屈原说："楚国不能改变六国联盟的主张。"

于是张仪又去拜访公子子兰。张仪告诉子兰："有了六国联盟，怀王才信任屈原；拆散了联盟，屈原就没有什么可怕的了。"子兰听了，十分高兴。楚国的贵族就和张仪连成一气。子兰又引他拜见了怀王最宠爱的王后郑袖，张仪把一双价值万金的白璧，献给了郑袖。那白璧的宝光，把楚国王后的眼睛都照花了。郑袖欣然表示，愿意帮助他们促成秦楚联盟。大家认为："要秦楚联合，先要拆散六国联盟；要拆散联盟，先要怀王不信任屈原。"

子兰想了一条计策：就说屈原向张仪索取贿赂，由郑袖在怀王面前透出这个风声。张仪大喜说："王后肯出力，真是秦楚两国的福分了！"张仪布置停当，就托子兰引见怀王。他劝怀王绝齐联秦，列举了很多好处。最后道："只要大王愿意，秦王已经准备了商於地方的六百里土地献给楚国。"怀王是个贪心的人，听说不费一兵一卒白得六百里土地，如何不喜？回到宫中，高兴地告诉了郑袖。郑袖向他道喜，可又皱起眉头："听说屈原向张仪要一双白璧未成，怕要反对这事呢！"怀王听了，半信半疑。

第二天，怀王摆下酒席，招待张仪。席间讨论起秦楚友好，屈原果然强烈反对，与子兰、靳尚进行了激烈争论。他认为：放弃了六国联盟，就给秦国以可乘之机，这是楚国生死存亡的事情啊！他痛斥张仪、子兰、靳尚，走到怀王面前大声说："大王，不能相信呀！张仪是秦国派来拆散联盟、孤立楚国的，万万相信不得……"怀王想起郑袖所说，果然屈原竭力反对秦楚和好；又贪图秦国的土地。不禁怒道："难道秦国的六百里土地抵不上你一双白璧！"就叫武士把他拉出宫门。

屈原痛心极了，站在宫门外面不忍离开，盼着怀王能醒悟过来，改变主意,以免给国家带来灾难。他从上午站到傍晚,看见张仪、子兰、靳尚等人欢欢喜喜、高高兴兴走出宫门,才绝望了。他叹着气喃喃地说:"楚国啊,你又要受难啦……"屈原回到家中,闷闷不乐,想到亲手结成的联盟一经破坏,楚国就保不住眼前的兴旺,不禁顿脚长叹。

替他管家的姐姐女嬃问明情由,就知他遭到了小人的陷害,劝他不要再发议论了,屈原道:"我是楚国人,死也不能看到楚国遇到危险啊!"他认为怀王会醒悟,定会分清是非的。只要怀王回心转意,楚国就有办法了。但是怀王不再召见他,他越来越忧愁,常常整夜不眠。因此,他写了一篇名叫《离骚》的长诗,诗中的名句"路漫漫其修远兮,吾将上下而求索!""长太息以掩涕兮,哀民生之多艰!"把对楚国的忧愁和自己的怨愤都写了进去。

流放途中见渔父

屈原被放逐,来到江边。他披散着头发,在荒野草泽上且行且歌,脸色憔悴,形容枯槁。正在打鱼的渔父看见他这个样子,就问他说:"您不就是三闾大夫吗?为什么来到此地呢?"屈原说:"全世界的人都是污浊的,只有我保持干净;众人都昏醉了,只有我依然清醒,所以我遭到了放逐。"

渔父说:"一个休养达到最高境界的圣人,对于事物的看法并不是一成不变的,而是能圆通地随世俗风气转移。全世界的人都是污浊的,你为何不随波逐流?众人都昏醉了,你何妨也跟着吃点酒糟和薄酒,使其醒醉莫辨啊。为何要守身如玉,而招致被放逐的厄运呢?"

屈原回答说:"我听说:刚洗过头的人,一定要把帽子上的灰尘掸去;刚洗过澡的人,一定要拂去衣服上的尘土;人们怎能以清白的身体,去接受外界污垢的事物呢?我宁愿跃入江潭之中,葬身鱼腹。又怎能让自己高洁的操行,受到世俗的污染呢!"

渔父听了三闾大夫一席谈话,更加钦佩他高尚的品德。望着屈原,莞尔一笑,敲打着船舷,慢慢离去。他边划桨边唱着歌:"沧浪之水清兮,可以濯吾缨;沧浪之水浊兮,可以濯吾足。"

相关评论

屈原虽遭谗被疏,甚至被流放,但他始终以祖国的兴亡、人民的疾苦为念,希望楚王翻然悔悟、奋发图强,做个中兴之主。他明知忠贞耿直会招致祸患,但却始终"忍而不能舍也";他明知自己面临着许许多多的危险,在"楚材晋用"的时代完全可以去别国寻求出路,但他却始终不肯离开楚国半步。这些都表现了他对祖国的无限忠诚及其"可与日月争光"的人格与意志。

《荀子·不苟篇第三》:"君子行不贵苟难,说不贵苟察,名不贵苟传,唯其当之为贵。故怀负石而投河,是行之难为者也,而申徒狄能之。然而君子不贵者,非礼义之中也";近代学者梁启超首推屈原为"中国文学家的老祖宗";郭沫若评价屈原是"伟大的爱国诗人",一颗闪耀在"群星丽天的时代,尤其是有异彩的一等明星";闻一多评价屈原是"中国历史上唯一有充分条件称为人民诗人的人";《中国文学史》评价屈原是"中国有史以来第一个伟大的爱国诗人";《中国大百科全书·文学》评价屈原为"中国浪漫主义文学的奠基人"。

屈子祠

相关链接

屈原名言

路漫漫其修远兮,吾将上下而求索!(《离骚》)

长太息以掩涕兮,哀民生之多艰!(《离骚》)

亦余心之所善兮,虽九死其犹未悔。(《离骚》)

日月忽其不淹兮,春与秋其代序。(《离骚》)

惟草木之零落兮,恐美人之迟暮。(《离骚》)

指九天以为正兮,夫惟灵修之故也。(《离骚》)

时缤纷其变易兮,又何可以淹留?(《离骚》)

袅袅兮秋风,洞庭波兮木叶下。(《九歌·湘夫人》)

悲莫悲兮生别离,乐莫乐兮新相知。(《九歌·少司命》)

何灵魂之信直兮,人之心不与吾心同!(《九章·抽思》)

曾不知路之曲直兮,南指月与列星。(《九章·抽思》)

世溷浊莫吾知,人心不可谓兮。(《九章·怀沙》)

吾不能变心以从俗兮,故将愁苦而终穷。(《九章·涉江》)

余将董道而不豫兮,固将重昏而终身。(《九章·涉江》)

苟余心之端直兮,虽僻远其何伤?(《九章·涉江》)

程 婴

——舍子救孤保忠烈

人物简介

程婴(? —约前583),春秋时晋国义士,千百年来为世人称颂。相传他是古少梁邑(今陕西韩城西少梁附近程庄)人,为晋卿赵盾及其子赵朔的友人。晋景公三年,大夫屠岸贾杀赵,灭其族,朔客公孙杵臼与之谋,婴抱赵氏真孤匿养山中,而故意告发令诸将杀死杵臼及冒充孩儿,后景公听韩厥言,立赵氏后,诛屠岸贾,婴则自杀以报杵臼。

程婴像

相关故事

赵氏孤儿

晋景公年间,奸臣屠岸贾欲除忠烈名门赵氏。他率兵将赵家团团围住,杀掉了赵朔、赵同、赵括、赵婴齐等全家老小。唯一漏网的是赵朔的妻子,她是晋成公的姐姐,肚子里怀着孩子,躲藏在宫中。

京剧版《赵氏孤儿》

赵朔有个门客叫公孙杵臼,还有一个好友叫程婴。赵朔死后,两个人聚到了一起。公孙杵臼质问程婴:"你为什么偷生?"程婴说:"赵朔之妻正在怀孕,若生下来是个男的,就把他抚养成人,报仇雪恨;若是个女的,我就彻底失望了,只好以死报答赵氏知遇之恩。"不久,赵妻就分娩了,在宫中生下一个男孩。屠岸贾闻之,带人到宫中来搜索,没有找到赵氏母子的藏身之处。"母子俩逃脱这次劫难后,程婴对公孙杵臼说:"屠岸贾这次没找到孩子,绝对不会罢休。你看怎么办?"公孙杵臼一腔血气地问:"育孤与死,哪件事容易?"程婴回答:"死容易,育孤当然难。"公孙杵臼说:"赵君生前待你最好,你去做最难的事情。让我去做容易的事情,我先去死吧!"恰好程婴家中也有一个正在襁褓中的婴儿,程婴含泪采取了调包之计,将自己的孩子抱上,与公孙杵臼一齐逃到了永济境内的山中。让妻子带着赵氏孤儿朝另一个方向逃去。屠岸贾闻之,率师来追。程婴无奈只好从山中出来说:"程婴不肖,无法保生赵氏孤儿。孩子反正也是死,屠岸贾将军如能付我千金,我就告诉你孩子的藏身之处。"屠岸贾答应了。程婴领路,终于找到隐匿山中的公孙杵臼和婴儿。

公孙杵臼当着众人的面,大骂程婴,他一边骂一边佯装乞求:"杀我可以,孩子是无辜的,请留下他一条活命吧!"众人当然不允。程婴眼睁睁地看着亲生儿子和好友公孙杵臼死在乱刀之下。

程婴身负忘恩负义、出卖朋友、残害忠良的"骂名",偷出赵氏孤儿来到了山高谷深、僻静荒芜的盂山隐居起来。这一隐居就是十五年,就在这片人迹罕至的深山中,穿梭着一老一少的身影,就在这片世外桃源的泉林中,回荡着一老一少的对话;就在这片与世隔绝的沟谷中,积聚了一老一少的复仇力量。

赵氏孤儿,终于长成了顶天立地的汉子。苍天不负有心人,程婴与赵武,在朝中韩厥的帮助下,里应外合,灭掉了权臣屠岸贾。赵氏冤情大白于天下,程婴忠义大白于天下,公孙杵臼忠烈大白于天下。

最后的程婴,并未品味胜利的美酒,十数年积聚的丧子之痛、丧君之痛、丧友之痛一并袭上心头,程婴自刎而死,赵武为他服孝三年。

后世为纪念忠烈千秋的程婴、公孙杵臼,在藏山立庙以祀。庙曰"文子祠",以赵武之谥号赵文子命名。现存山门、牌楼、戏台、钟鼓楼、碑坊正殿、寝宫、梳洗楼等三十余处遗迹,依山而建,雄伟壮观,气势万千。

藏山,传说为程婴藏孤处

相关评论

程婴和公孙杵臼的事迹,后世广为传颂,并且编成戏剧,出现在舞台上,甚至流传到海外异邦。他们那种舍己救人、矢志不渝的精神,一直为人们所钦敬。程婴、公孙杵臼忠实于友谊不忘旧主的品格,也是人们津津乐道的。尤其是到了宋朝以后,宋王室自认是春秋晋国赵氏的后裔,因而对保存赵孤的程婴、公孙杵臼等多次加以追封。南渡之际,徽、钦二帝被掳，赵宋王朝风雨飘摇，"存赵孤"更被赋予了强烈的现实政治意义。宋室覆亡之后，人们仍把一些忠臣义士、遗民故老反元复宋的行动直接与历史上程婴、公孙杵臼等人保存赵孤的行为相联系。如文天祥曾写诗赞扬抗元忠臣家铉翁云："程婴存赵真公志，奈有忠良壮此行。"在元代纪君祥的戏剧《赵氏孤儿》中，更有"你若存得赵氏孤儿，当名标青史、万古流芳"等曲词。

　　节烈高义之士已不复在，但故事却脍炙人口，人物形象也鲜明地存活在民间。所以，墓与传奇同在，碑和赞誉共存。所有的历史已经在岁月烟尘中湮没，留下的是一个千古不朽的名字，让人凭吊瞻仰，以作节烈高义的楷模。"幽燕自古多义士"，而谁又能说远离幽燕之地晋境的程婴不如荆轲慷慨？程婴的努力成就了一个屹立于战国七雄的赵国——赵武成为赵国的始君，其孙赵简子赵鞅为赵宗室的兴盛、强大和进一步发展奠定了稳固的基础。这是程婴当时并不能预见的。

廉　颇

——负荆请罪，大义为先

人物简介

　　廉颇（公元前327—公元前243），汉族，山西太原人。战国末期赵国的名将，与白起、王翦、李牧并称"战国四大名将"。主要活动在赵惠文王（前298—前266）、赵孝成王（前266—前245）、赵悼襄王（前245—前236年）时期。廉颇墓，位于今安徽省寿县八公山纪家郢放牛山之西南坡，俗称"颇古堆"。

相关故事

负荆请罪

　　赵惠文王初，东方七国以齐最为强盛，齐与秦各为东西方强国。秦国欲东出扩大势力，赵国首当其冲。为扫除障碍，秦王曾多次派兵进攻赵国。廉颇统领赵军屡败秦军，迫使秦改变策略，实行合纵，于赵惠文王十四年(前285年)在中阳(今山西中阳县西)与赵相会讲和。以联合韩、燕、魏、赵之师共同讨伐齐国,大败齐军。其中,廉颇于赵惠文王十六年(前283年)带领赵军伐齐,长驱深入齐境,攻取阳晋,威震诸侯,而赵国也随之跃居六国之首。廉颇班师回朝,拜为上卿(上卿为当时高级爵位),秦国虎视赵国而不敢贸然进攻,正是慑于廉颇的威力。此后,廉颇率军征战,守必固,攻必取,几乎百战百胜,威震列国。

赵惠文王十六年(前283年),赵王曾得和氏璧,强秦愿以十五城换之,赵派蔺相如出使秦国。蔺相如仅仅是宦官缪贤门下的舍人。经缪贤向赵惠文王举荐,身携和氏璧,充当赵使入秦。蔺相如以他的大智大勇完璧归赵,取得了对秦外交的胜利。

其后秦伐赵,占领了石城。赵惠文王十九年复攻赵,杀了两万赵军。这时秦王欲与赵王在渑池会盟言和(今河南渑池县西),赵王非常害怕,不愿前往。廉颇和蔺相如经商量一致认为赵王应该前往,以显示赵国的强大和赵王的果敢。赵王与蔺相如同往,廉颇相送,在与

负荆请罪

赵王分别时说:"大王这次行期不过三十天,若三十天不还,请立太子为王,以断绝秦国要挟赵国的希望。"廉颇的大将风度与周密安排,壮了赵王的行色,同时由于蔺相如在渑池会上不卑不亢地与秦王周旋,毫不示弱地回击了秦王施展的种种手段,不仅为赵国挽回了声誉,而且对秦王和群臣产生震慑。最终使得赵王平安归来。

会后,赵王"以相如功大,拜为上卿",蔺相如地位竟在廉颇之上。廉颇对蔺相如封为上卿心怀不满,认为自己作为赵国的大将,有攻城略地、扩大疆土的大功,而地位低下的蔺相如只动动口舌却位高于己,叫人不

能容忍。他公然扬言要当众羞辱蔺相如。蔺相如知道后，并不想与廉颇去争高低，而是采取了忍让的态度。为了不使廉颇在临朝时排列自己之下，每次早朝，他总是称病不至。有时，蔺相如乘车出门，远远望见廉颇骑马迎面而来，就索性引车躲避了。这引起了蔺相如舍人韩勃的不满，蔺相如解释说："秦王与廉颇相比，虎狼般的秦王相如都敢当庭呵斥，羞辱他的群臣，我还会怕廉颇吗？强秦之所以不敢出兵赵国，这是因为我和廉颇同在朝中为官，如果我们相斗，就如两虎相伤，没有两全之理了。我之所以避他，无非是把国家的危难放在个人的恩怨之上罢了。"廉颇听后，深受感动，他身背长长的荆条，赤膊露体来到蔺相如家中，请蔺相如治罪。从此两人结为刎颈之交，生死与共。

廉颇老矣，尚能饭否

廉颇一生战功赫赫，为赵国立下了许多汗马功劳。赵孝成王二十一年（前245年），赵孝成王卒，其子赵悼襄王继位。赵悼襄王听信了奸臣郭开的谗言，解除了廉颇的军职，派乐乘代替廉颇。廉颇因受排挤而发怒，攻打乐乘，乐乘逃走。廉颇于是离赵投奔魏国大梁（今河南省开封市）。廉颇去大梁住了很久，魏王虽然收留了他，却并不信任和重用他，他也一心想着为赵国效力。赵国因为多次被秦军围困，赵王想再任用廉颇，于是派遣使者唐玖带着一副名贵的盔甲和四匹快马到大梁去慰问廉颇，看廉颇还是否可用。廉颇的仇人郭开却唯恐廉颇再度得势，暗中给了唐玖很多金钱，让他说廉颇的坏话。赵国使者见到廉颇以后，廉颇在他面前一顿饭吃了一斗米，十斤肉，还披甲上马，表示自己还可以用。但使者回来向赵王报告说："廉将军虽然老了，但饭量还很好，可是和我坐在一起，不多时就拉了三次屎。"赵王认为廉颇老了，就没任用他，廉颇也就没再得到为国效忠的机会。

楚国听说廉颇在魏国，就暗中派人迎接他入楚。廉颇担任楚将后，没有建立什么功劳。他说："我思用赵人。"（《史记·廉颇蔺相如列传》）流露出对祖国乡亲的眷恋之情。但赵国终究未能重新起用他，致使这位为赵国做出过重大贡献的一代名将，抑郁不乐，最终死在楚国的寿春（今安徽省寿县),年约 85 岁。十几年后,赵国被秦国灭亡。

相关评论

廉颇是战国时期一位杰出的军事将领,其征战数十年,攻城无数,歼敌数十万,而未尝败绩。为人亦襟怀坦白,敢于知错就改。他的一生,正如司马光所言:"廉颇一生用与不用,实为赵国存亡所系。此真可以为后代用人殷鉴矣。"这一结论,既概括了廉颇一生荣辱经历的史实,又揭示了人才与国家盛衰兴亡的重要关系,确实值得后人深思……

廉颇是与"文圣"孔子、"武圣"关公相媲美的华夏"德圣"。在有关廉颇的所有的战例记载中,几乎没有一次失败的记录。也正是由于他的忠勇爱国、善改错误,从而使他成为中国历史上一位瑕不掩瑜的历史人物,一位有着独特个性的优秀军事家,并赢得后世的无限崇敬和爱戴。

荆 轲

——忠于恩义,慷慨献身

人物简介

荆轲(? —公元前 227),姜姓,庆氏。汉族,战国末期卫国人,战国时期著名刺客,也称庆卿、荆卿、庆轲,是春秋时期齐国大夫庆封的后代。喜好读书击剑,为人慷慨侠义。受燕太子丹之托入刺秦王,因为被夏无且的药囊击中,为秦王拔剑所杀。

相关故事

荆轲刺秦王

秦王嬴政重用尉缭,一心想统一中原,不断向各国进攻。他拆散了燕国和赵国的联盟,使燕国丢了好几座城。

燕国的太子丹原来留在秦国当人质,他见秦王决心兼并列国,又夺去了燕国的土地,就偷偷地逃回燕国。他恨透了秦国,一心要替燕国报仇。但他既不操练兵马,也不打算联络诸侯共同抗秦,却把燕国的命运寄托在刺客身上。他把家产全拿出来，寻找能刺杀秦王的人。

后来，太子丹物色到了一个很有本领的勇士，名叫荆轲。他把荆轲收在门下当上宾，把自己的车马给荆轲坐，自己的饭食、衣服让荆轲一起享用。荆轲当然很感激太子丹。

公元前230年，秦国灭了韩国。过了两年，秦国大将王翦占领了赵国都城邯郸，一直向北进军，逼近了燕国。

燕太子丹十分焦急，就去找荆轲。太子丹说："拿兵力去对付秦国，简直像拿鸡蛋去砸石头；要联合各国合纵抗秦，看来也办不到了。我想，派一位勇士，打扮成使者去见秦王，挨近秦王身边，逼他退还诸侯的土地。秦王要是答应了最好，要是不答应，就把他刺死。您看行不行？"

荆轲说："行是行，但要挨近秦王身边，必定得先叫他相信我们是向他求和去的。听说秦王早想得到燕国最肥沃的土地督亢（在河北涿县一带）。还有，秦国将军樊於期，现在流亡在燕国，秦王正在悬赏通缉他。我要是能拿着樊将军的头和督亢的地图去献给秦王，他一定会接见我。这样，我就可以对付他了。"

太子丹感到为难，说："督亢的地图好办，樊将军受秦国迫害来投奔我，我怎么忍心伤害他呢？"

荆轲知道太子丹心里不忍，就私下去找樊於期，跟樊於期说："我有一个主意，能帮助燕国解除祸患，还能替将军报仇，可就是说不出口。"

荆轲刺秦王

樊於期连忙说："什么主意，你快说啊！"

荆轲说："我决定去行刺，怕的就是见不到秦王的面。现在秦王正在悬赏通缉你，如果我能够带着你的头颅去献给他，他准能接见我。"

樊於期说："好，你就拿去吧！"说着，就拔出宝剑，抹脖子自杀了。

太子丹事前准备了一把锋利的匕首，叫工匠用毒药煮炼过。谁只要被这把匕首刺出一滴血，就会立刻气绝身亡。他把这把匕首送给荆轲，作为行刺的武器，又派了勇士秦舞阳，做荆轲的副手。

公元前 227 年，荆轲从燕国出发到咸阳去。太子丹和少数宾客穿上白衣白帽，到易水（在今河北易县）边送别。临行的时候，荆轲给大家唱了一首歌：

"风萧萧兮易水寒，壮士一去兮不复还。"

大家听了他悲壮的歌声，都伤心得流下眼泪。荆轲拉着秦舞阳跳上车，头也不回地走了。

荆轲到了咸阳。秦王一听燕国派使者把樊於期的头颅和督亢的地图都送来了，十分高兴，就命令在咸阳宫接见荆轲。

朝见的仪式开始了。荆轲捧着装了樊於期头颅的盒子，秦舞阳捧着督亢的地图，一步步走上秦国朝堂的台阶。

秦舞阳一见秦国朝堂那副威严的样子，不由得害怕得发起抖来。

秦王左右的侍卫一见，吆喝了一声，说："使者干吗变了脸色？"

荆轲回头一瞧，果然见秦舞阳的脸又青又白，就赔笑对秦王说："粗野的人，从来没见过大王的威严，免不了有点害怕，请大王原谅。"

秦王毕竟有点怀疑，对荆轲说："叫秦舞阳把地图给你，你一个人上来吧。"

荆轲从秦舞阳手里接过地图，捧着木匣上去，献给秦王。秦王打开木匣，里面果然是樊於期的头颅。秦王又叫荆轲拿地图来。荆轲把地图慢慢打开，到地图全都打开时，先卷在地图里的匕首就露出来了。

秦王一见，惊得跳了起来。

荆轲连忙抓起匕首，左手拉住秦王的袖子，右手把匕首向秦王胸口直扎过去。

秦王使劲地向后一转身，把那只袖子挣断了。他跳过旁边的屏风，刚要往外跑。荆轲拿着匕首追了上来，秦王一见，就绕着朝堂上的大铜柱子跑。荆轲紧紧地追着。

旁边虽然有许多官员，但是都手无寸铁；台阶下的武士，按秦国的规矩，没有秦王命令是不准上殿的，大家都急得六神无主，也没有人召台下的武士。

官员中有个伺候秦王的医生叫夏无且，他急中生智，拿起手里的药袋对准荆轲扔了过去。荆轲用手一扬，那只药袋就飞到一边去了。

就在这一眨眼的工夫，秦王往前一步，拔出宝剑，砍断了荆轲的左腿。

荆轲站立不住，倒在地上。他拿匕首直向秦王扔过去。秦王往右边只一闪，那把匕首就从他耳边飞过去，打在铜柱子上，"呼"的一声，直迸火星儿。

秦王见荆轲手里没有武器，又上前向荆轲砍了几剑。荆轲身上受了八处剑伤，知道自己已经失败，苦笑着说："我没有早下手，本来是想先逼你退还燕国的土地。"

这时候，侍从的武士已经一起赶上殿来，将荆轲杀死了。台阶下的那个秦舞阳，也早被武士们杀了。

相关评论

荆轲甘愿冒死入虎狼之强秦，刺杀秦王，其中报答燕太子丹知遇之恩的因素是无可否认的，直到临死他还念念不忘："必得约契以报太子。"然而，荆轲刺秦王的行动的意义不局限于此。太子丹初见荆轲时，是希望荆轲为挽救燕国之将亡，反抗暴秦之兼并而出力的。荆轲当时的回答是："此国之大事，臣驽下，恐不足任使。"这说明荆轲主要是想报效燕国的。后来荆轲激励樊於期自刎献首时说"可以解燕国之患，而报将军之仇"，也说明荆轲主要还是从国事来考虑的。因此，在荆轲刺秦王的行动中虽然有报答太子丹知遇之恩的因素，但主要还是为了反抗暴秦、挽救燕国以至于六国的危亡。也可以这样说，荆轲报答太子是建立在抗暴秦、救弱燕的基础上的，或者说，报答太子是通过反抗暴秦、挽救燕国来实现的。而这样的行动有其正义性，荆轲身上体现的以弱小的个体反抗强暴的勇气以及甘为高尚的政治价值观和理想主义献身的牺牲精神，千百年来为人们所敬佩，所称颂。

河北省易县城西荆轲山上，有荆轲衣冠冢。陕西咸阳有荆轲墓。墓联曰：身入狼邦，壮志匹夫生死外；心存燕国，萧寒易水古今流。

相关链接

咏荆轲

（东晋）陶渊明

燕丹善养士，志在报强嬴。招集百夫良，岁暮得荆卿。
君子死知己，提剑出燕京。素骥鸣广陌，慷慨送我行。
雄发指危冠，猛气冲长缨。饮饯易水上，四座列群英。
渐离击悲筑，宋意唱高声。萧萧哀风逝，淡淡寒波生。
商音更流涕，羽奏壮士惊。心知去不归，且有后世名。
登车何时顾，飞盖入秦庭。凌厉越万里，逶迤过千城。
图穷事自至，豪主正怔营。惜哉剑术疏，奇功遂不成。
其人虽已没，千载有馀情。

易水怀古

（唐）贾岛

荆卿重虚死，节烈书前史。我叹方寸心，谁论一时事。
至今易水桥，寒风兮萧萧。易水流得尽，荆卿名不消。

蒙 恬

——无辜就死，忠义丰碑

人物简介

蒙恬（？—前210），姬姓，蒙氏，名恬。秦始皇时期的著名将领，被誉为"中华第一勇士"。汉族，祖籍齐国，山东人。传说他曾改良过毛笔，是祖国西北最早的开发者，也是古代开发宁夏第一人。

蒙恬像

相关故事

蒙恬之死

公元前210年冬，秦始皇嬴政游会稽途中患病，派身边的蒙毅去祭祀山川祈福，不久秦始皇在沙丘病死，死讯被封锁。中车府令赵高想立公子胡亥，于是就同丞相李斯、公子胡亥暗中谋划政变，立胡亥为太子。因早先赵高犯法，蒙毅受命公正执法，引起赵高对蒙氏的怨恨，因此，黑手就首先伸向了蒙氏。

秦始皇死后，赵高担心扶苏继位，蒙恬得到重用，对自己不利，就扣住遗诏不发，与胡亥密谋篡夺帝位。他又威逼利诱，迫使李斯和他们合谋，假造遗诏。"遗诏"指责扶苏在外不能立功，反而怨恨父皇，便遣使者以捏造的罪名赐公子扶苏、蒙恬死。扶苏自杀，蒙恬内心疑虑，请求复诉。

使者把蒙恬交给了官吏，派李斯等人来代替蒙恬掌兵，囚禁蒙恬于阳周。胡亥杀死扶苏后，便想释放蒙恬。但赵高深恐蒙氏再次贵宠用事，对己不利，执意要消灭蒙氏。便散布在立太子问题上，蒙毅曾在始皇面前毁谤胡亥，胡亥于是囚禁并杀死了蒙毅，又派人前往阳周去杀蒙恬。

使者对蒙恬说："你罪过太多，况且蒙毅当死，连坐于你。"蒙恬说："自我先人直到子孙，为秦国出生入死已有三代。我统领着30万大军，虽然身遭囚禁,可我的势力足以背叛。但我知道,我应守义而死。我之所以这样做是不敢辱没先人的教诲,不敢忘记先主的恩情。"

使者说:"我只是受诏来处死你,不敢把将军的话传报皇上。"蒙恬长叹道:"我怎么得罪了上天? 竟无罪而被处死?"沉默良久又说:"我的罪过本该受死,起临洮、到辽东筑长城,挖沟渠一万余里,这其间不可能没挖断地脉,这便是我的罪过呀!"于是吞药自杀。

三军将士得知蒙恬将军死后,都感其贤达明良,怀愤含泪。他们用战袍撩土将其葬于绥德城西大理河川,遂形成现在的小山丘,与扶苏墓遥遥相望。朝霜暮尘,默默传神,犹似当年将帅精诚团结,共同御敌,宁死不屈之状。有诗赞云:"春草离离墓道浸,千年塞下此冤沉。生前造就笔千枝,难写孤臣一片心。"

相关评论

秦朝战将如云,蒙恬则是其中闪亮的将星。对于这颗将星的无辜陨落,司马光说:"秦始皇方毒天下而蒙恬为之使,恬不仁不知矣。然恬明于为人臣之义,虽无罪见诛,能守死不贰,斯亦足称也。"

大将蒙恬,"大"字首先来自大谋大略。当时的"蒙恬"二字,可以令狂放不羁的匈奴闻风丧胆,乃至于只要有蒙恬在,"胡人不敢南下牧马,士不敢弯弓抱怨"。这是何等的神气,何等的威风。其次,大将蒙恬,"大"字也来自大武大勇。《史

万里长城(传为蒙恬为抗击匈奴而修筑)

记·蒙恬列传》中记载:蒙恬在临终前曾说:"吾先人及子孙积功信于秦三世矣,今臣将兵三十余万,虽囚击其势足以背叛,自知必死而守义者,不敢辱先人之教以忘先主也。"从这段并不难懂的古文中我们可以明白,蒙恬甘心一死,既不是因为无能怯懦,也不是因为浑浑噩噩、忠奸善恶不分,而是来自他的侠肝义胆、坦荡胸襟,读来令人肃然起敬。所以,大将

蒙恬的"大"字还来自非凡的品质。大将蒙恬,"大"字是一种大气、豪气、勇气,是中华民族的一种可贵品质。

　　其实,2000多年以前的蒙恬距离我们实在太过遥远,我们非但不可能有这位大将的真实照片,甚至也得不到一幅他的肖像画,即使在史书之中,也没有太多关于他的具体描述。但将军的丰功伟绩和忠肝义胆却被人们深深记在了心里。他不仅成为世代名将效仿的楷模,更是千古爱国志士的永远楷模。

相关链接

蒙恬造笔

　　关于蒙恬将军对毛笔的创造有着这样的故事。

　　公元前223年,秦国大将蒙恬带兵在外作战,他都要定期写战报呈送秦王。

　　当时,人们用竹签写字,很不方便,蘸了墨没写几下又要蘸。一天,蒙恬打猎时看见一只兔子的尾巴在地上拖出了血迹,心中不由来了灵感。

毛笔

　　他立刻剪下一些兔尾毛,插在竹管上,试着用它来写字。可是兔毛油光光的,不吸墨。蒙恬又试了几次,效果还是不行,于是随手把那支"兔毛笔"扔进了门前的石坑里。有一天,他无意中看见了那支被自己扔掉的毛笔。捡起来后,他发现湿漉漉的兔毛变得更白了。他将兔毛笔往墨盘里一蘸,兔尾竟变得非常"听话",写起字来非常流畅。原来,石坑里的水含有石灰质。经碱性水的浸泡,兔毛的油脂去掉,变得柔顺起来。传说这就是毛笔的来历。

纪　信

——大义替死,忠诚贯日

人物简介

　　纪信(?—前204),字成,秦末汉初时刘邦的部将。先从刘邦起兵,为部曲长。前204年,纪信在荥阳城被围时假扮做刘邦的模样而让刘邦逃脱,自己也因此被俘,后被项羽处死。

纪信广场

相关故事

舍身救汉王

公元前204年,楚汉战争已进入胶着状态。汉王刘邦及其部众被楚军长期围困在荥阳城里,已是弹尽粮绝,内外交困。企望依靠城中军民固守孤城,与项王继续抗衡,已经不可能了。

那么,如何杀出重围,保卫汉王摆脱绝境,保存汉军主力,不致全军覆没呢?汉王召集群臣商议,说:"项羽攻打荥阳,情况十分危急,韩信的大兵又没有回来,邻近诸侯,没有能与项羽抗衡的,你们有什么好的计策吗?"

张良说:"项羽因范增的死,心中急躁,如何肯罢休?况近日彭城军粮又到,似有久困之意。此城若久困,如果有人献策,将荥河横断上流,水冲灌下来,荥阳城就会被攻破,这该怎么办呢?"

陈平说:"臣有一计,大王一定能够逃脱重围。"

汉王问:"什么计策呢?"陈平说:"只要找一个人假扮汉王去向项羽诈降就可以解汉王之危了,但恐怕没有人愿意替陛下赴难啊!"张良说:"诸将之中,只有纪将军长得酷似汉王,可以让他假扮汉王来欺骗楚军,从而救得汉王逃出重围。"纪信听了,当即说道:"为解救汉王,这是我最愿意做的事了,即使是赴汤蹈火,我也在所不辞。"张良听了很高兴。

第二天,张良就带着纪信去见汉王,说了纪信愿意代替汉王诈降的计策。汉王却说:"不可以!想我刘邦大业未定,你们跟着我还没有得到一点好处,现在又让纪将军代我赴难,我却乘便而逃,这种损人利己的事情不是一个仁慈的人所能做的,我不忍心啊!"纪信说:"情况紧急!我若不这样,或许会等到城破的那一天,跟楚军决一死战,可是那个时候虽然死了，却对您没有一点作用。现在如果能够代您受难，您得以逃出围困，我就一定会像泰山一样留下美名，现在我把自己的生命看做像鸿毛一般轻，请汉王一定不要顾念我。"汉王还在犹豫不决，纪信于是拔出剑来说："您如果不按照我的话去做，我就自刎死在您的面前。"汉王听了，走下台阶，抱着纪信哭道："将军您的心，真可谓'忠诚贯日，千载不朽'啊。"

张良、陈平等立即写了降书，送给项王，项王拆书观看，只见其中有汉王归降之意，心里很高兴，于是召汉使问道："刘邦几时出城投降？"回答说："今夜即出降。"项王听了更加高兴，当即安排人手准备接受汉王投降。

却说汉王在张良、陈平的安排下换上便服，骑上快马。纪信则换上了汉王的华服，坐着玉龙车。将近黄昏的时候，先放出两千个女子，从东门陆续出城。左右将这件事报告给了项王，项王笑着说："刘邦真是酒色之徒，贪恋如此多的妇女，怎么能够成大事呢？范增的担心过头了！"楚军士见汉军中放出这么多女子，都来东门争着观看。汉王则同文武将士偷偷出了西门，向成皋方向逃去。

东门女子走得很慢，等到她们走完，天就快亮了。这时，只见一排排赤色的旗子，纪信端坐在汉王的车中，缓缓而出，他对项王既不行君臣的礼节，也看不出来有归降的意思。项王生气地说："刘邦肯定是醉死在车中了！见了我不下车拜见，怎么还像个木偶似的端坐在那里？"左右拿着火把照着车中一看，见纪信坐着不说话，就问："汉王您怎么不说话呢？"纪信说："我不是汉王，我是汉王的部下纪信！"左右急忙报告项王："车里的并不是汉王。"项羽听了大怒，接着马上又叹息着说："刘邦逃跑得很容易，纪信代他受难又实在难得，这是真忠臣啊！我虽然收录了不止百人的文武将士，却没有像纪信这样忠心的。"于是让季布说服纪信。纪信不但不归附项王，反而在车中大骂道："你们简直是痴心妄想！大丈夫一心不事二主，我的头虽然断了，但是我的正气冲天，金石也磨灭不掉！我既然活着的时候是汉王的臣子，死了也要做汉王部下的鬼魂，烈烈之志，岂是你们几句话就能撼动的吗？"项王听到了纪信的话，知道他是不会动摇的,于是就命令那些拿火把的人烧这辆车。烈焰之中,只闻纪信骂不绝口,一会儿火焰就熄灭了,车和人都化成了灰烬!

相关评价

公元前202年,刘邦统一全国建立政权后,便于第二年将纪信家乡从阆中县分出,汉高祖御赐"安汉",属充国县。598年(隋开皇十八年)改安汉县为"南充县"。621年(唐武德四年)又将纪信家乡从南充县分出,新置西充县。由于纪信为保刘安汉立下了不可磨灭的功勋,后人立庙以祀。且历代王朝都有追封:宋封"忠祐安汉公",元封"辅德显忠康济王",明封"忠烈侯"。"纪信替死"的英勇事迹也被搬上了文艺舞台。南充还被誉为"忠义之邦"。唐尚书右丞卢藏用曾作过《吊纪信文》。宋代果州南充郡郡守邵博在《纪将军庙碑记》中说:"汉高帝之兴,有天命哉。方因困于荥阳,其势甚危,一时谋臣多亡去者,独将军死焉,呜呼!古固有死,贵成天下事也,若将军之死……"宋果州太守杨济有感纪信诳楚成汉,书刻"忠义之邦"四字于南充城西金泉山。

明西充知县马腾云竖"汉将军纪信故里"碑于今西充县木角乡黄桷垭。清西育县令李棠在《题纪将军庙》云:"汉业艰难百战秋,焚身原不为封侯,敢于诳楚乘黄幄,遂使捐躯重泰丘。隆准单骑从此脱,重瞳双眼笑谁酬? 天今荒草空祠宇,一片忠魂万古留。"西充紫岩乡的"扶龙沟""走马岭""歇马桥""望乡台"等纪信遗址和纪公庙,至今尚存。"将军神宇"为西充八景之一。2001年12月,西充县委、县政府决定,在西充县城南的晋东新区修建一座集市政集会、民众休闲、娱乐等为一体的综合性广场——纪信广场。经过一年的建设,一座气势恢弘的广场展现在西充人的面前。纪信广场之特色,就是中间那壮观的群雕。讲述了纪信驾马起义,汉王出逃的悲壮故事。纪信为乡里敬仰,誉为"功盖三杰,安汉一人"。

相关链接

城隍老爷的传说

汉王乡三华山下有个纪庄村,相传西汉名将纪信就出生在这个村庄。秦朝末年，天下大乱。身为秦朝县令的纪信，也脱下官服参加起义，投到刘邦帐下当了一员部将。后来，楚汉相争，刘邦被项羽围困在荥阳，外无援兵，内无粮草，形势紧急。纪信求见刘邦说："我的脸形很像大王，请你脱下衣服给我穿上，我冒充大王向敌人投降，你带领人马乘机冲出去。"刘邦依计而行，果然冲出重围，纪信则被楚兵捉住活活烧死。

刘邦战胜项羽后，建都长安，在庆功会上想起了纪信的功劳，就对满朝文武大臣说："纪信功高德重，没有他怎能有我刘邦的今天？我封他为督城隍，把他的家乡改名为我先前的封号——安汉，把他的骨灰送回家乡安葬，并建庙塑像，永远享受香火。"后来刘邦还下令全国各县城建城隍庙。故后人称纪信庙为"城隍庙"，纪信塑像为"城隍老爷"。

张　骞

—— 持节不失，忠于职守

人物简介

张骞（约前164—前114），汉族，字子文，汉中郡城固（今陕西省城固县）人，中国汉代卓越的探险家、旅行家与外交家，对丝绸之路的开拓有重大的贡献。开拓汉朝通往西域的南北道路，并从西域诸国引进了汗血马、葡萄、苜蓿、石榴、胡桃、胡麻等等。

张骞石刻雕像

相关故事

出使西域

张骞是汉武帝时期的人。公元前139年，他受命率人前往西域，寻找并联络曾被匈奴赶跑的大月氏，合力进击匈奴。

张骞一行从长安起程，经陇西向西行进。一路上日晒雨淋，风吹雪打，环境险恶，困难重重。但他信心坚定，不顾艰辛，冒险西行。当他们来到河西走廊一带后,就被占据此地的匈奴骑兵发现。张骞和随从 100 多人全部被俘。

匈奴单于知道了张骞西行的目的之后,自然不会轻易放过。把他们分散开去放羊牧马,并由匈奴人严加管制。还给张骞娶了匈奴女子为妻,一是为了监视他,二是诱使他投降。但是,张骞坚贞不屈。虽被软禁放牧,度日如年,但他一直在等待时机,准备逃跑,以完成自己的使命。

整整过了 11 个春秋,匈奴的看管才放松了。张骞乘机和他的贴身随从甘父一起逃走,离开匈奴地盘,继续向西行进。由于他们仓促出逃,没有准备干粮和饮用水,一路上常常忍饥挨饿、干渴难耐,随时都会倒在荒滩上。好在甘父射得一手好箭,沿途常射猎一些飞禽走兽,饮血解渴,食肉充饥,才躲过了死亡的威胁。

这样一直奔波了好多天,终于越过沙漠戈壁,翻过冰冻雪封的葱岭(今帕米尔高原),来到了大宛国(今费尔干纳)。高鼻子、蓝眼睛的大宛国王,早就听说汉朝是一个富饶的大国,很想建立联系。但苦于路途遥远,交通不便,故一直未能如愿。因此,当他听说汉朝使者来到时,喜出望外,在国都热情地接见了张骞。他请张骞参观了大宛国的汗血马。在大宛王的帮助下,张骞先后到了康居(今撒马尔罕)、大月氏、大夏等地。但大月氏在阿姆河上游安居乐业,不愿再东进和匈奴作战。张骞虽未能完成与大月氏结盟夹击匈奴的使命,但却获得了大量有关西域各国的人文地理知识。

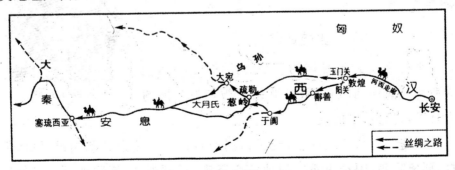

丝绸之路

张骞在东归返回的途中，再次被匈奴抓获，后又设计逃出，终于历尽千辛万苦，于13年后回到长安。这次出使西域，使生活在中原的人们了解到西域的实况，激发了汉武帝"拓边"的雄心，发动了一系列抗击匈奴的战争。

公元前119年，汉王朝为了进一步联络乌孙，断"匈奴右臂"，便派张骞再次出使西域。这次，张骞带了300多人，顺利地到达了乌孙。并派副使访问了康居、大宛、大月氏、大夏、安息（今伊朗）、身毒（今印度）等国。但由于乌孙内乱，也未能实现结盟的目的。汉武帝派名将霍去病带重兵攻击匈奴，消灭了盘踞河西走廊和漠北的匈奴，建立了河西四郡和两关，开通了丝绸之路。并获取了匈奴的"祭天金人"，带回长安。

张骞不畏艰险，两次出使西域，沟通了亚洲内陆交通要道，与亚欧诸国正式开始了友好往来，促进了东西经济文化的广泛交流，开拓了丝绸之路，完全可称为中国走向世界的第一人。

相关评论

张骞是中国历史上第一位走出国门，开展外交活动的外交活动家。他不仅第一次打开了古老中国的大门，开辟了国与国进行平等互利、友好往来的"丝绸之路"，促进了中华民族与中亚、西亚、南亚及欧洲等国家的经济、文化、政治等各方面的交流与合作，为推动世界文明进步和社会发展做出了卓越的贡献。同时，其外交实践构建了国与国之间平等往来、友好相处的基本原则，为后世国家之间开展外交活动奠定了思想基础，对当今世界外交活动的基本准则的形成与发展提供了依据，产生了深远影响，并将继续发挥更大作用；也为后世的外交使节开展外交活动建立了一座丰碑，成为后世外交工作者的行为楷模。

相关链接

张骞纪念馆

张骞，西汉时期著名的外交家、探险家，"丝绸之路"的开拓者，其故里在汉中城固县城南2千米处汉江之滨的博望村。墓地在县城西2.3千米处饶家营村，现为张骞纪念馆，属陕西省人民政府1956年公布的首批省级重点文物保护单位。

在张骞纪念馆前有一对石虎,百姓为了缅怀张骞,赋予石虎以神话色彩:传说他们是张骞泛搓时所得天宫织女的一对支机石。解放前,这对石虎一直是当地百姓祷病乞嗣求雨的神灵。

陵园整体以献殿为中轴,对称分布。献殿内置著名书画家张重光所绘大型壁画"张骞出使西域图""凿空图"。东西配殿为展室,分别推出"张骞生平伟绩"展览和具有鲜明陕南特色的民间艺术展览。阙式大门青砖筒瓦,古朴大方,两阙

张骞纪念馆

相对,飞檐斗拱,再现了两汉宫阙的建筑特色。

1986 年与 1993 年,两届"张骞国际学术研讨会"在这里召开,大力弘扬张骞"敢为天下先"的开拓进取精神,在国际上产生了极大的影响。如今,城中每年举办一次张骞文化艺术节。

霍去病

——纵死犹闻侠骨香

人物简介

霍去病(前 140—前 117),汉族,河东郡平阳县(今山西临汾西南)人。中国西汉武帝时期的杰出军事家,是名将卫青的外甥,任大司马骠骑将军。好骑射,善于长途奔袭。霍去病多次率军与匈奴交战,在他的带领下,汉军把匈奴杀得节节败退,霍去病也留下了"封狼居胥"的佳话。

霍去病石刻雕像

相关故事

短暂而辉煌的一生

霍去病在舅舅卫青的影响下,自幼精于骑射,虽然年少,却不屑于像

其他王孙公子那样待在长安城里放纵声色享受长辈的荫庇。他渴望杀敌立功的那一天。

元朔六年（前123年），卫青领军二出定襄，史称漠南之战。18岁的霍去病第二次跟从卫青出征。武帝特地任命霍去病为嫖姚校尉，领800骑兵。战斗期间，霍去病脱离大军在茫茫大漠里奔驰数百里奇袭匈奴，打击匈奴的软肋。此仗霍去病斩敌2028人，杀死了匈奴单于祖父一个辈分的若侯产和季父，俘虏了单于的国相及叔叔。霍去病的首战，以这样夺目的战果，向世人宣告，汉家最耀眼的一代名将横空出世了。

为表彰霍去病的功绩，汉武帝将他封为"冠军侯"，赞叹他的功冠诸军。特意割穰县的"卢阳乡"和宛县的"临骁聚"地为冠军县作为霍去病的封地，《史记》记载此次封邑一千六百户。

元狩二年（前121年）的春天，霍去病被任命为骠骑将军，独自率领精兵1万出征匈奴。这就是河西大战。

19岁的统帅霍去病不负众望，在千里大漠中闪电奔袭，打了一场漂亮的大迂回战。6天中他转战匈奴五部落，一路猛进，并在皋兰山与匈奴卢侯王、折兰王打了一场硬碰硬的生死战。在此战中，霍去病惨胜，1万精兵仅余3000人。而匈奴更是损失惨重——卢侯王和折兰王都战死，浑邪王子及相国、都尉被俘虏，斩敌8960人，匈奴休屠王祭天金人也成了汉军的战利品。在这一场血与火的对战之后，汉王朝中再也没有人质疑少年霍去病的统军能力，他成为汉军中的一代军人楷模、尚武精神的化身。此战后，汉武帝益封霍去病两千户。

同年夏天，汉武帝决定乘胜追击，展开收复河西之战。

此战，霍去病成为汉军的统帅，而作战多年的老将李广等人只作为他的策应部队。但是，李广所部则被匈奴左贤王包围，配合作战的公孙敖作为常跑大漠的"老马"居然在大漠中迷了路，没有起到应有的助攻作用。霍去病遂再次孤军深入，并再次大胜。就在祁连山，霍去病所部斩敌3万余人，俘虏匈奴王爷5人以及匈奴大小阏氏、匈奴王子59人、相国、将军、当户都尉共计63人。汉武帝再次益封霍去病五千户。

经此一役，匈奴不得不退到燕支山北，汉王朝收复了河西平原。曾经在汉王朝头上为所欲为、使汉朝人家破人亡无数的匈奴终于也唱出了哀歌："亡我祁连山，使我六畜不蕃息；失我燕支山，使我妇女无颜色。"

从此，汉军军威大振，而19岁的霍去病更成了令匈奴人闻风丧胆的战神。

真正使霍去病有如天神的事情是"河西受降"，发生的时间在秋天。

两场河西大战后，匈奴单于想狠狠地处理一再败阵的浑邪王，消息走漏后浑邪王和休屠王便想要投降汉朝。汉武帝不知匈奴二王投降的真假，遂派霍去病前往黄河边受降。当霍去病率部度过黄河的时候，匈奴降部中果然发生了哗变。面对这样的情形，霍去病竟然只带着数名亲兵就亲自冲进了匈奴营中，直面浑邪王，下令他诛杀哗变士卒。我们永远也猜想不出此时的浑邪王心里都在想些什么。那一刻他完全有机会把霍去病扣为人质或杀之报仇，只要他这样做了，单于不但不会杀他反而要奖赏他。然而最终浑邪王放弃了，这名敢于孤身犯险不惧生死的少年的气势镇住了他。霍去病的气势不但镇住了浑邪王，同时也镇住了

马踏匈奴

40000 多名匈奴人，他们最终没有将哗变继续扩大。此战霍去病被益封一千七百户。

河西受降顺利结束，而今天的我们却只能用景仰的心努力想象，那个局势迷离、危机四伏的时候，那位 19 岁的少年是怎样站在敌人的营帐里，仅仅用一个表情、一个手势就将帐外 40000 兵卒、8000 乱兵制伏的。

汉王朝的版图上，从此多了武威、张掖、酒泉、敦煌四郡。河西走廊正式并入汉王朝。这是中国历史上第一次面对外虏的受降，不但为饱受匈奴侵扰之苦近百年的汉朝人扬眉吐气，更从此使汉朝人有了身为强者的信心。

元狩四年（公元前 119），为了彻底消灭匈奴主力，汉武帝发起了规模空前的"漠北大战"。

这时的霍去病，已经毫无争议地成为了汉军的王牌。汉武帝对霍去病的能力无比信任，在这场战争的事前策划中，原本安排了霍去病打单于，结果由于情报错误，这个对局变成了卫青的，霍去病没能遇上他最渴望的对手，而是碰上了左贤王部。

然而这场大战完全可以算是霍去病的巅峰之作。在深入漠北寻找匈奴主力的过程中，霍去病率部奔袭 2000 多里，以 15000 的损失数量，歼敌 70000 多人，俘虏匈奴王爷 3 人，以及将军、相国、当户都尉 83 人。大约是渴望碰上匈奴单于，"独孤求败"的霍去病一路追杀，来到了今蒙古肯特山一带。就在这里，霍去病暂作停顿，率大军进行了祭天地的典礼——祭天封礼于狼居胥山举行，祭地禅礼于姑衍山举行。这是一个仪式，也是一种决心。

封狼居胥之后，霍去病继续率军深入追击匈奴，一直打到翰海（今俄罗斯贝加尔湖），方才回兵。从长安出发，一直奔袭至贝加尔湖，在一个几乎完全陌生的环境里沿路大胜，这是怎样的成就！

经此一役，"匈奴远遁，漠南无王庭"。霍去病和他的"封狼居胥"，从此成为中国历代兵家人生的最高追求和终生奋斗的梦想。而这一年的霍去病年仅22岁。此仗后,汉武帝益封霍去病五千八百户。

元狩六年(前117年),24岁的骠骑将军霍去病去世了。谥封"景桓侯"。取义"并武与广地",彰显其克敌服远、英勇作战、扩充疆土之意。

汉武帝对霍去病的死非常悲伤。他调来铁甲军,列成阵沿长安一直排到茂陵霍去病墓地。他还下令将霍去病的坟墓修成祁连山的模样,彰显他力克匈奴的奇功。

相关评论

霍去病生为奴子,长于绮罗,却从来不曾沉溺于富贵荣华,他将国家安危和建功立业放在一切之前。汉武帝曾经为霍去病修建过一座豪华的府第,霍去病却拒绝收下,说:"匈奴未灭,何以家为?"这短短的八个字,因为出自霍去病之口而言之有物、震撼人心,刻在历朝历代保家卫国将士们的心里。

班固在《汉书·叙传》里是这样称赞卫霍的:长平桓桓,上将之元,薄伐猃允,恢我朔边,戎车七征,冲軿闲闲,合围单于,北登阗颜。骠骑冠军,猋勇纷纭,长驱六举,电击雷震,饮马翰海,封狼居山,西规大河,列郡祈连。

相关链接

琴　歌

霍将军歌者。霍去病之所作也。去病为讨寇校尉。为人少言。勇而有气。使击匈奴。斩首两千。后六出。斩首十馀万级。益封万五千户。秩禄与大将军等。于是志得意欢。乃援琴而鼓之曰:

四夷既获诸夏康兮。

国家安宁乐无央兮。

载戢干戈弓矢藏兮。

麒麟来臻凤皇翔兮。

与天相保永无疆兮。

亲亲百年各延长兮。

注:《古今乐录》成书于公元 568 年,因此琴歌是否是霍去病所作存疑。按序所言,此歌为霍去病在漠北之战后对汉匈之战大局已定的"志得意欢",是兵家以战止战的情怀和豪迈,是对平定四夷、国家安宁的无限喜悦。

横吹曲辞·出塞

王 维

居延城外猎天骄,白草连天野火烧。

暮云空碛时驱马,秋日平原好射雕。

护羌校尉朝乘障,破虏将军夜渡辽。

玉靶角弓珠勒马,汉家将赐霍嫖姚。

苏 武

——风雪孤忠,持节荣归

人物简介

苏武

苏武(前 140—前 60),中国西汉大臣。字子卿,汉族,杜陵(今陕西西安东南)人。武帝时为郎。天汉元年(前 100 年)奉命以中郎将持节出使匈奴,被扣留。匈奴贵族多次威胁利诱,欲使其投降;后将他迁到北海(今贝加尔湖)边牧羊,扬言要公羊生子方可释放他回国。苏武历尽艰辛,留居匈奴 19 年持节不屈。至始元六年(前 81 年),方获释回汉。苏武死后,汉宣帝将其列为麒麟阁十一功臣之一,以彰显其节操。

相关故事

苏武牧羊

苏武是汉朝杜陵人(今陕西长安县),字子卿。武帝时,以中郎将身份,持符节出使匈奴,不料单于竟以武力逼他投降,苏武不肯屈服。又派汉降臣卫律以荣华富贵诱其投降，苏武说："屈节辱命，有何面目回大汉国土？"说罢，拔出佩刀自刺，卫律急忙上前将其救下。单于赏识他的气节，更想收买他，苏武始终不答应，于是将苏武幽禁于地窖，不给饮食，天冷下雪，苏武又饥又渴，只得吞咽雪块和节上的毡毛以充饥渴，经数日不死，匈奴惊奇以为神，于是放逐苏武到冰天雪地、荒无人烟的北海牧羊，要等到雄羊产崽才让他回国。苏武饿时，便挖掘野鼠所聚的野草和果实充饥，在如此艰难困苦的环境下，度过了五六年的时光。

一次，单于的弟弟到北海打猎，发现了苏武，感叹他志节高尚，深为敬佩，便送他一些衣服和饮食。

又经三年，单于命李陵到北海为苏武设酒席歌乐，与苏武畅饮并劝他说："足下一心要等待回归汉土，毕竟不可得，只有在此无人之地，空自挨受苦难而已，你一片忠义，谁能看到？"苏武说："我对朝廷无功无德，而蒙皇上成就，位列将爵通侯，此生常愿肝脑涂地报效，如今既得机会杀身报答，实在甘心乐意，为人臣事奉国君，犹如人子事父，子为父死，毫无所恨，愿勿再说。"李陵与苏武欢饮数日，又劝苏武说："但愿子卿听陵所劝。"

苏武牧羊

苏武说:"我自分已死甚久,假若必定要我投降,就请结束今日欢宴,让我效死于当前。"李陵见苏武至诚坚决,喟然感叹地说:"唉!义士,陵的罪过真是上通于天了。"说罢,泪下沾襟,与苏武诀别而去。后来李陵又到北海,告知武帝已经驾崩,苏武得知,面向南方,悲痛号哭,以致呕血。

昭帝即位后,匈奴与汉和亲,汉使假托说:"汉天子在林中射得一雁,足上系有帛布书'苏武被困在某泽中',请予放回。"单于于是放归苏武。

苏武出使的时候,才40岁,在匈奴受了19年的折磨,胡须、头发全白了。回到长安那天,长安人民都出来迎接他,看到白头发的苏武手里仍然紧握符节,都深受感动。回国后,授官典属国,赐钱二百万,田地二顷。宣帝即位时,又赐爵关内侯。公元前60年苏武去世。苏武将所得赏赐,全部施予兄弟老友,家中不留余财,享年81岁。

相关评论

苏武为人廉洁,所得赏赐皆施与亲友中贫困的人,死后,"家不余财"。宣帝甘露年间,"思股肱之美,乃图画其人于麒麟阁"。苏武归汉时,李陵为之饯别,曾说:"足下还归,扬名于匈奴,功显于汉室,虽古竹帛所载,丹青所画,何以过子卿。"后来事实证明:这一番话确非虚誉之辞。直到唐朝,各地尚有苏武庙,苏武受到后人的瞻仰凭吊。如唐末著名诗人温庭筠《苏武庙》诗云:"苏武魂销汉使前,古祠高树两茫然。云边雁断胡天月,陇上羊归塞草烟。回日楼台非甲帐,去时冠剑是丁年。茂陵不见封侯印,空向秋波哭逝川。"这首诗表达了后人对他高风亮节的无限崇敬。

相关链接

苏武牧羊记

清抄本《苏武牧羊记》,是一出历史故事剧,全剧25出。作品歌颂苏武的爱国思想和民族气节。《劝降》《逼降》表现他拒绝敌人的威逼利诱,义正词严,不可侵犯的气节。《吃雪》《牧羊》描写他在冰天雪地中含辛茹苦、不屈不挠的意志。《望乡》《告雁》抒发他思君念母的深情。其中"苏武留胡节不辱，雪地又冰天，穷愁十九年，渴饮雪，饥吞毡，牧羊北海边。心存汉社稷，旄落犹未还。历尽难中难，心如铁石坚，夜在塞上时有笳声，入声痛心酸"一段曲词不仅道尽苏武19年

武功县旅游景点——苏武纪念馆

所受的种种磨难，更加热情讴歌了苏武的刚烈节义。奏出了一曲高风亮节、万古流传的颂歌。

诸葛亮

——义胆忠肝，谁堪伯仲

人物简介

诸葛亮（181—234），字孔明，号卧龙（也作伏龙），汉族，琅琊阳都（今山东临沂市沂南县）人，三国时期蜀汉丞相，杰出的政治家、军事家、发明家、文学家。在世时被封为武乡侯，死后追谥忠武侯。后来东晋政权推崇诸葛亮军事才能，特追封他为武兴王。诸葛亮为匡扶蜀汉政权，呕心沥血、鞠躬尽瘁、死而后已。其代表作有《前出师表》《后出师表》《诫子书》等；曾发明木牛流马等，并改造连弩，可一弩十矢俱发。诸葛亮在后世

诸葛亮像

受到极大的尊崇，成为后世忠臣的楷模、智慧的化身。成都有武侯祠，杜甫也作千古名篇《蜀相》来赞扬诸葛亮。

相关故事

白帝托孤

公元221年，蜀汉皇帝刘备不顾诸葛亮及文武群臣的劝阻，自率倾国之兵，报孙权大都督吕蒙乘虚攻占荆州、在麦城杀关羽之仇。一举破巫山、占秭归，次年初攻占彝陵（今湖北宜昌），并在彝陵东猇亭建立大本营。孙权重用年轻将领陆逊为大都督，陆逊面对蜀强吴弱的军事形势，采用"拖延"战术，令部将坚守，不与交锋。六月天气炎热，蜀兵暑热难熬，刘备愤而忘谋，令部队移驻沿山树林茂密处，连营扎寨以避酷暑。陆逊便率吴军水陆并进，火烧刘备连营"七百里"。刘备兵败，退守白帝城。

白帝城托孤

章武三年（223年）四月，刘备病势加重，自知不起，遣使至成都召诸葛亮等大臣到白帝城永安宫（今奉节师范学校内）受遗命。诸葛亮领刘永、梁王刘理等赶到白帝城。刘备已多日卧床不起，请诸葛亮坐在床沿上，抚其背说："我有幸得先生相助而成就帝业。然而我甚浅陋，未采纳丞相之言而伐吴，自取其败，悔恨莫及。我死在旦夕，不得不以大事相托。"于是将遗诏递给诸葛亮，一手拭泪一手握着诸葛亮的手说："先生的才能十倍于曹丕，一定能完成统一大业。刘禅软弱，先生以为可辅佐则辅佐，若不可辅佐，则请先生自为成都王。"诸葛亮听罢，手足无措，流泪跪拜在地说："臣怎敢不尽全力辅佐后主，以尽忠贞之节，死而后已呢！"叩头不止。刘备又请诸葛亮坐下，叫儿子刘永、刘理来到面前，吩咐说：

"我死之后,你们兄弟三人都要以对待父皇的礼仪对待丞相,不可怠慢。"并叫两个儿子同拜诸葛亮。诸葛亮诚惶诚恐,说:"臣即使肝脑涂地,也难以报答陛下的知遇之恩。"刘备这才心安,然而又加封尚书令李严兼任中都护,统掌内外军事,留镇永安宫,同为辅政大臣。最后对在场的文臣武将一一嘱托,这一代枭雄才一命呜呼。

神机妙算救后代

相传,诸葛亮在临死前对后代说:"我死后,你们中的一个将来会遇到杀身大祸。到那时,你们把房拆了,在墙里面有一个纸包,有补救的办法。"诸葛亮死后,司马炎打下天下当了皇帝。他得知:朝廷中的一员将军是诸葛亮的后代,便想治治他。有一天,司马炎找了个借口,把这个将军定了死罪。在金殿上,司马炎问:"你祖父临死前说了些什么?"这个将军就一五一十地把诸葛亮的话说给他听。司马炎听后,便命令士兵们把房子拆了,取出纸包。只见纸包里面有封信,上面写着"遇皇而开"。士兵们把信递给司马炎,司马炎打开信,只见里面写道:"访问后返三步。"司马炎立即站起身退后三步。他刚站稳,只听"咔嚓"一声响,司马炎龙案上面正对的房顶上,一根玉柱掉下来。把桌椅砸得粉碎。司马炎吓得出了一身冷汗。反过来再看信后面写道,"我救你一命,请你留我后代一命。"看完这封信,司马炎暗暗佩服诸葛亮的神机妙算。后来,他把那个将军官复原职。

相关评论

诸葛亮是中国历史上杰出的政治家,集忠、义、智、勇于一身,可以说是公认的中国历史上智慧的最杰出化身。历代朝野都对诸葛亮有很高的评价,"鞠躬尽瘁,死而后已"也成了无数仁人志士的座右铭。

《三国志》中对诸葛亮有如下评价:"诸葛亮之为相国也,抚百姓,示仪轨,约官职,从权制,开诚心,布公道;尽忠益时者虽仇必赏,犯法怠慢者虽亲必罚,服罪输情者虽重必释,游辞巧饰者虽轻必戮;善无微而不赏,恶无纤而不贬;庶事精练,物理其本,循名责实,虚伪不齿;终于邦域之内,咸畏而爱之,刑政虽峻而无怨者,以其用心平而劝诫明也。可谓识治之良才,管、萧之亚匹矣。然连年动众,未能成功,盖应变将略,非其所长欤!"

《唐文粹》中记录了尚驰在《诸葛武侯庙碑铭序》中所说:"至令官书庙食,成不刊之典,一山之内,每有风行草动,状带威神,若岁大旱,邦人祷之,能为云为雨,是谓存与没人皆福利,生死古今一也。死而不朽,反贵于生。"

动画片《三国演义》中的诸葛亮

吕温《诸葛武侯庙记》:"大勋未集,天夺其魄。至诚无忘,炳在日月,烈气不散,长为雷雨。"

相关链接

咏　史

白居易

先生晦迹卧山林,三顾那逢圣主寻。鱼到南阳方得水,龙飞天汉便为霖。托孤既尽殷勤礼,报国还倾忠义心。前后出师遗表在,令人一览泪沾襟。

书　愤

陆游

早岁那知世事艰,中原北望气如山。楼船夜雪瓜洲渡,铁马秋风大散关。塞上长城空自许,镜中衰鬓已先斑!出师一表真名世,千载谁堪伯仲间!

魏　征

—— 犯颜直谏，竭尽忠诚

人物简介

魏征（580—643），字玄成。汉族，巨鹿（今河北邢台市巨鹿县人，又说河北晋州市或河北馆陶县）人，唐朝政治家。曾任谏议大夫、左光禄大夫，封郑国公，以直谏敢言著称，是中国史上最负盛名的谏臣，享有崇高的声誉。著有《隋书》序论、《梁书》《陈书》《齐书》的总论等。其言论多见于《贞观政要》。

魏征像

相关故事

当面直谏，坚持到底

有一次，唐太宗对长孙无忌说：“魏征每次向我进谏时，只要我没接受他的意见，他总是不答应，不知是何缘故？”未等长孙无忌答话，魏征接过话头说：“陛下做事不对，我才进谏。如果陛下不听我的劝告，我又立即顺从陛下的意见，那就只有依照陛下的旨意行事，岂不违背了我进谏的初衷了吗？”太宗说：“你当时应承一下，顾全我的体面，退朝之后，再单独向我进谏，难道不行吗？”魏征解释道：“从前，舜告诫群臣，不要当面顺从我，背后又另讲一套，这不是臣下忠君的表现，而是阳奉阴违的奸佞行为。对于您的看法，为臣不敢苟同。”唐太宗非常赞赏魏征的意见。

在唐太宗个人享乐方面，魏征经常犯颜直谏。有一次，唐太宗想去南山打猎，车马都准备好了，最后还是没敢去。魏征问他为什么没有出去，太宗说：“我起初是想去打猎，可又怕你责备，就不敢出去了。”还有一次,唐太宗从长安去洛阳,因为当地供应的东西不好,唐太宗很生气。魏征对唐太宗说:"隋炀帝就是因为无限制地追求享乐而灭亡的。现在您因为供应不好就发脾气,以后必然上行下效,各地方拼命供奉陛下,以求陛下满意。供应是有限的,人的奢侈欲望是无限的,如此下去,隋朝的悲剧又该重演了。"唐太宗听了这番话肃然心惊,以后很注意节俭。

对于唐太宗的品德修养,魏征也很重视。他直言不讳地对唐太宗说:"居人上者,其身正,不令而行;其身不正,虽令不从。"他还引用荀子的话告诫唐太宗:"君主似舟,人民似水,水能载舟,亦能覆舟。"这句话对唐太宗震动很大,他一直牢记在心。一次,唐太宗问魏征怎样做一个明君而不要做一个暗君,魏征就讲了隋朝虞世基的故事。虞世基专门投隋炀帝所好,专说顺话,不讲逆耳之言;专报喜,不报忧,结果隋朝灭亡。由此魏征得出了一个著名的结论,即"兼听则明,偏信则暗"。

李世民与魏征

魏征和唐太宗相处 17 年,一个以直言进谏著称,一个以虚怀纳谏出名,尽管有时争论激烈,互不相让,最后太宗也能按治道而纳谏,这种君臣关系,在历史上极为罕见。

魏征去世后,唐太宗极为思念他,感慨地说:"夫以铜为镜,可以正衣冠；以古为镜，可以知兴替；以人为镜，可以明得失。朕常保此三镜，以防己过。今魏征殂逝，遂亡一镜矣。"这恐怕是历代大臣中所享受的最大的哀荣了。魏征成为唐太宗预防自己犯错的一面明镜，这充分体现了魏征在唐太宗治理国家中不可替代的作用。

暗喻讽劝，委婉开导

贞观十一年，唐太宗到洛阳巡视，魏征随百官同行。太宗在洛阳宫西苑宴请群臣，又带群臣泛舟积翠池。唐太宗指着两岸的景色和宫殿，对大臣们说："隋炀帝穷奢极欲，大兴土木，宫殿园苑遍布京都，结果官逼民反，身死异乡。而今这些宫殿、园苑尽归于我。炀帝亡国，与佞臣阿谀奉承、弄虚作假、助纣为虐有很大关系，你们可要引以为戒啊！"魏征立即回答道："臣等以宇文述等佞臣为戒，理固当然；望陛下以炀帝为鉴，则国家太平，万民幸甚！"唐太宗一听魏征之言，觉得很有道理，主张君臣共勉。他又要求群臣赋诗助兴，群臣恭请唐太宗先赋，唐太宗略一沉思，立即朗声吟道：

> 日昃玩百篇，临灯披《五典》。
>
> 夏康既逸豫，商辛亦流湎。
>
> 恣情昏主多，克己明君鲜。
>
> 天身资累恶，成名由积善。

这首诗，太宗命名为《尚书》，他以《尚书》中的骄奢淫逸的昏君为例，指出他们身败名裂、国破家亡是由于作恶多端，咎由自取。那些克己俭朴、勤政爱民的明君，尽管在历史上不多，但却名垂千古、青史流芳，这就在于他们注意修养，不断做好事，为民谋利所致。唐太宗此诗，通过咏史，抒发了自己立志做一个"克己明君"的襟怀。群臣一听，齐声赞颂。唐太宗要求群臣逐一赋诗，魏征当仁不让，立赋《西汉》一诗，他朗诵道：

> 受降临轵道，争长趣鸿门。
>
> 驱传渭桥上，观兵细柳屯。
>
> 夜宴经柏谷，朝游出杜原。

终籍叔孙礼，方知皇帝尊。

这首诗，魏征以西汉初年几个有作为的皇帝高祖、文帝、景帝、武帝为例，说明帝王贤明，勤劳国事，既建武功，又修文治，才能受到百姓的爱戴。魏征希望唐太宗向刘邦等帝王学习，既"受降"于秦王子婴，建灭秦之武功；又礼遇儒生叔孙通，开文治之基业。

魏征公园

唐太宗聪颖过人，一听此诗，便知魏征暗含讽意，他激动地说："魏征忠心耿耿，不仅以奏疏谏我，而且赋诗时，又以礼仪开导于我，真可谓知古德的忠直之臣。"

唐太宗对魏征的评价很高。有一次，他问群臣："魏征与诸葛亮相比，哪个更为贤良？"岑文本说："诸葛亮才兼将相，魏征不如他。"太宗却说："魏征以仁义之道辅佐我治国，希望我成为尧、舜那样的明君，就此而言，诸葛亮也不能同他相提并论。"可见，在唐太宗的心中，魏征的才德是何等之高。

魏征斩龙

贞观年间，唐都长安连年旱灾，赤地千里，黎民百姓天天逐魃求雨，就是盼不到一星半点雨水。有一个叫鬼谷子仙师的人算定第二天午时三刻有雨，城内三点，城外七点。掌雨的金角老龙不信，与鬼谷子仙师打赌，他回府打开风雨簿查看，次日果真有雨，簿上写得清清楚楚：辰时布云，巳时行雷，午时下雨，未时雨停。雨点与鬼谷子仙师所说一点不差。于是龙王私自篡改雨簿，把城内三点改为七点，城外七点改为三点。结果，城内普降暴雨，淹死许多黎民百姓；城外却只落三点，田地依然干旱，禾苗枯死，庄稼颗粒无收。有一个忠臣把这件事奏闻玉帝，玉帝大怒，降旨将金角老龙斩首示众。金角老龙情知不妙！极为恐惧，立即进宫乞求唐皇李世民保命，李世民念其是开国元勋，恩准免去死罪。第二天，李世民设计请执行监斩的魏征丞相进宫下棋,行刑时刻已到,魏征无计脱身,末了,伏案酣睡,梦斩金角老龙。顷刻,血淋淋的龙头滚入皇宫。老龙怨恨唐太宗言而无信,阴魂不散,天天到宫里来闹,闹得唐太宗六神不安。魏征知道皇上受惊,就派了秦琼、尉迟恭这两员大将,守在宫门保驾,果然,老龙的魂魄就不敢再来前门闹了。可没过几天,那老龙王又在宫殿后门来找唐太宗算账,魏征于是抱剑为唐太宗守后门,这样老龙王才再也不敢来闹了。唐太宗念他们夜晚守门辛苦,就叫画家画了秦琼、尉迟恭两人之像贴在宫前门口,画了魏征画像贴于后门,结果照样管用。此举也开始在民间流传,秦琼、尉迟恭与魏征便成了门神,双门左右贴秦琼和尉迟恭,单门贴魏征。

相关评论

魏征,被唐太宗李世民尊为雕琢美玉的"良工"、矫正己过的"人镜",故始有"帝王人镜"一说,意思是魏征是皇帝李世民的一面镜子。而世人则把魏征誉为"一代名相"和"千秋金鉴"。从贞观年间魏征的进谏活动和主要表现看,魏征作为中国封建社会最负盛名的杰出的谏官代表,忠心辅国,犯颜直谏,获此殊荣,名实相符,当之无愧。

魏征书

相关链接

杨 业

——尽节报国,满门忠烈

人物简介

杨业

杨业(? —986),本名重贵,又名继业,原籍麟州新秦(今陕西神木北)。《宋史》记载为山西太原人。宋朝名将,他从小就擅长骑射,爱好打猎。曾对同伴说:"我他日为将用兵,亦犹鹰犬逐雉兔尔"。

相关故事

血战雁门关

宋太宗太平兴国五年(980年)三月,辽为报满城兵败之仇,命西京大同府节度使、驸马、侍中萧咄李率大军10万杀奔雁门关,再一次大举攻宋。

宋知代州兼三交驻泊兵马部署杨业,避其锐气,率数百精骑绕过辽军,在敌后迂回,出其不意,在雁门关北口痛击辽军。辽军攻关受挫,背后又被杨业打得措手不及,顿时溃乱。雁门关守军趁势开关掩杀过来,接应杨业,前后夹击,辽军大败溃逃。

雁门关大捷以后，杨业威名远扬。辽兵一看到"杨"字旗号，就吓得不敢交锋。人们给杨业起了个外号，叫做"杨无敌"。

杨业立下大功，也引起一些边防将领的妒忌。有人给宋太宗上奏章，说了杨业许多坏话。宋太宗正要依靠杨业，不理睬那些诬告，把那些奏章封好了，派人送给杨业。杨业见宋太宗这样信任他，自然十分感动。

过了几年，辽景宗耶律贤死去，即位的辽圣宗耶律隆绪才12岁，由他的母亲萧太后执政。有个边将向宋太宗上奏章，认为辽朝政局变动，正好趁这个机会收复燕云十六州失地。宋太宗接受了这个意见。公元986年，宋太宗派出曹彬、田重进、潘美率领三路大军北伐，并且派杨业做潘美的副将。

三路大军分路进攻，旗开得胜。潘美、杨业的一路人马出了雁门关，很快就收复了四个州。

其中曹彬率领的东路军因粮草不济逐渐落后，中路军田重进随后也被打败，宋军败局已定，宋太宗于是命令各路宋军撤退。但潘美率领的西路军却还有另外一个任务，就是掩护四个州的百姓撤退。

雁门关

潘美、杨业接到命令，就领兵掩护四个州的百姓撤退到狼牙村。那时候，辽军已经占领寰州（今山西朔县东），兵势很猛。杨业建议派兵佯攻，吸引住辽军主力，并且派精兵埋伏在退路的要道，掩护军民撤退。

监军王侁反对杨业的意见，说："我们带了几万精兵，还怕他们？我看我们只管沿着雁门大路，大张旗鼓地行军，也好让敌人见了害怕。"

杨业说："现在敌强我弱，这样干一定要失败。"

王侁带着嘲笑的口吻说："杨将军不是号称无敌吗？现在在敌人面前畏缩不战，是不是另有打算？"

这一句话把杨业激怒了。他说："我并不是怕死，只是看到现在时机不利,怕让兵士们白白丧命。你们一定要打,我可以打头阵。"杨业无可奈何,只好带领手下人马出发了。临走的时候,他流着眼泪对潘美说:"这个仗肯定要失败。我本来想看准时机,痛击敌人,报答国家。现在大家责备我避敌,我不得不先死。"

接着,他指着前面的陈家峪(今山西朔县南)对潘美说:"希望你们在这个谷口两侧,埋伏好步兵和弓弩手。我兵败之后,退到这里,你们带兵接应,两面夹击,也许有转败为胜的希望。"

杨业出兵没有多远,果然遭到辽军的伏击。杨业虽然英勇,但是辽兵像潮水一样涌上来。杨

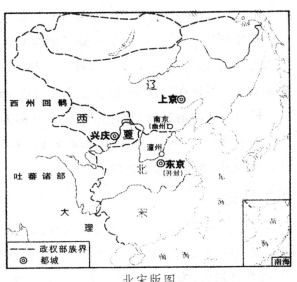

北宋版图

业拼杀了一阵,抵挡不住,只好一边打一边后退,把辽军引向陈家峪。

到了陈家峪,正是太阳下山的时候。杨业退到谷口,只见两边静悄悄的,连宋军的影儿都没有。潘美带领的主力到哪儿去了呢?原来杨业走了以后,潘美也曾经把人马带到陈家峪。等了一天,听不到杨业的消息,王侁认为一定是辽兵退了。他怕让杨业抢了头功,催促潘美把伏兵撤去,离开了陈家峪;等到他们听到杨业兵败,又往另外一条小道逃跑了。

杨业见约定的地点没人接应,只好带领部下转身跟追上来的辽兵展开搏斗,兵士们各个奋勇抵抗。但是辽军越来越多,后来,杨业身边只有100多个兵士。他含着泪,高声向兵士说:"你们都有自己的父母家小,不要跟我一起死在这里,赶快突围出去,也好让朝廷得知我们的情况。"兵

士们听了这些话,再看看杨业浴血奋战的情景,都感动得流下热泪,没有一个愿意离开杨业。最后,兵士都战死了,杨业的儿子杨延玉和部将王贵也牺牲了。杨业身上受了十几处伤,浑身是血,还来回冲杀,杀伤了几百名敌人。此时,辽国名将萧达凛暗中放出冷箭,射中了他的战马,马倒在地下,把他摔了下来。辽兵乘机围了上来,把他俘虏了。

杨业被俘以后,辽将劝他投降。他抬起头叹了口气说:"我杨业本来想消灭敌人,报答国家。没想到被奸臣陷害,落得全军覆没。哪还有脸活在世上呢?"他在辽营里,绝食了三天三夜,就牺牲了,享年约59岁。

杨业战死的消息传到东京,朝廷上下都为他哀痛叹息。宋太宗丧失了一名勇将,自然也感到难过,杨业死后,宋太宗削潘美三级,把王侁除名流放金州,刘文裕除名流放登州。

相关评论

对于杨家将忠心报国世代相传的优良家风,对于一个家族前仆后继捍卫祖国既忠又勇的行为,人们传诵他们,缅怀他们,热爱他们,崇敬他们,以各种形式,为他们竖起一座座丰碑。雁门关下,有一个以杨家祠堂而闻名的鹿蹄涧村,村里1000多口人,其中一多半都是杨家后代。

杨家祠堂始建于元代,是国内现存最完整的一座杨家祠堂。因杨业死后被追赠为"太尉",谥号"忠武",他的后代以此题祠名为"杨忠武祠",俗称"杨家祠堂"。

相关链接

杨家将

杨家将一代接一代地为保卫祖国恪尽职守。他们的事迹不断走入传说、故事、戏曲舞台和影视剧创作之中。北宋著名文学家欧阳修,称赞杨业、杨延昭"父子皆名将,其智勇号称无敌,至今天下之士,至于里儿野竖,皆能道之"。宋元之际,民间艺人把杨家将的故事编成戏曲,搬上舞台。到了明代,民间文学家又把他们的故事编成《杨家将演义》《杨家将传》，用小说评书的形式在民间广泛传播。这些传说和故事，把杨家将英勇战斗、牺牲的过程，叙述得十分详细和感人。他们还把宋代功臣潘美描绘成大奸臣做陪衬，使杨家将的英雄形象和崇高家风更加高大和完美。七郎八虎闯幽州、血战金沙滩、穆桂英挂帅、杨门女将、十二寡妇征西、佘太君百岁挂帅、杨排风……一个个栩栩如生的爱国者形象，在世间广为流传，家喻户晓，以至分不清哪些是史实，哪些是演义和传说。

《杨家将传》

包 拯

—— 清心直道，铁面无私

人物简介

包拯（999—1062），汉族，宋庐州合肥（今安徽合肥）人，字希仁。天圣朝进士。累迁监察御史，建议练兵选将、充实边备。奉使契丹还，历任三司户部判官，京东、陕西、河北路转运使。入朝担任三司户部副使，请求朝廷准许解盐通商买卖。改知谏院，多次论劾权幸大臣。授龙图阁大学士、河北都转运使，移知瀛、扬诸州，再召入朝，历权知开封府、权御史中丞、三司使等职。嘉裕六年（1061），任枢密副使。后卒于位，谥号"孝肃"。包拯做官以断狱英明刚直而著称于世。知庐州时，执法不避亲党。

包拯像

相关故事

包拯陈州除贪官

仁宗年间，陈州大旱，发生饥荒，户部尚书范仲淹上殿奏本，保举龙图阁大学士兼开封府尹包拯到陈州粜米济赈。

原先朝廷已派了两个官员去陈州办理济赈事宜，这两个人都是当朝权贵刘衙内的亲属，一个是他的儿子，一个是他的女婿，他俩在陈州贪赃枉法，鱼肉饥民，还打死了饥民李大胆，搞得陈州怨声载道，民不聊生。所以范仲淹要保奏包拯前往陈州查处。刘衙内素知包拯清正，铁面无私，所以于半夜来访，假惺惺地说道："陈州饥民多亡命之徒，包大人此番出赈，可要当心。"他的本意是想吓退包拯，不去陈州。包拯严正答道："为国效劳，为民解难，乃我辈本分，何惧之有？"刘衙内见劝阻无效，便改口说情："包大人此去陈州，望对我儿、婿照应则个。"包拯答道："这个我心中有数，感谢你今天来向我传递消息，将来有什么事情，我也会派人向你传递消息，以作回报。"当场送客。刘衙内虽然没得到包拯什么确切保证，但总算能随时得知陈州消息，倘有不测，还有回旋余地，便称谢告辞。包拯带了差役王朝赶往陈州，将近陈州地面时，包拯易服先行，吩咐王朝随后赶来。包拯一副乡民打扮，混入饥民之中，来到衙门购买赈米。只见刘衙内子婿两人高踞公案之后，督促差役粜米。名为粜米，实为盘剥，在米中掺入大量泥沙，提高价格，克扣斤两，使饥民不堪其苦，稍有微词，便棍棒相加。包拯实在看不下去，高声喊道："身为朝廷命官，竟敢如此荼毒百姓，天理何存？"刘衙内的子婿见一个黑脸饥民敢当众揭短，不由气怒万分，喝道："住口，先前有个李大胆，今天又来了黑大头，我让你们一样下场。"吩咐差役将包拯吊在树上。

正在这时，手持金牌、背插宝剑的王朝赶到，两个贪官忙迎接钦差。王朝说道："包大人先我而来，不知现在何处？"两贪官面面相觑，答道："下官不曾见包大人来过。"

王朝眼快，看见包拯正被吊在大树下，忙跪步上前，亲手松绑，两个贪官这才知道"黑大头"原来就是铁面无私的包大人，忙上前恭请包拯坐上公案。包拯一拍惊堂木喝道："尔等贪赃枉法，荼毒饥民，我不但亲眼看见，而且亲身经历，还有何话可说！"两贪官连连谢罪认错。"既然知罪，即写下伏罪状来！"两贪官当即写了伏罪状，并签字画押。在场饥民见包拯如此清正，声声齐喊："包青天！"内有被两贪官屈打致死的饥民李大胆的儿子，此时气愤交加，率众饥民将两个贪官当场打死，以泄民愤。包拯对饥民的举动是深表同情的，但咆哮公衙，击毙官吏毕竟是有罪的，他就暂且将李大胆的儿子收押在监，等送报朝廷后再作处理。

合肥清风阁

包拯在发出奏折前，先叫王朝去向刘衙内暗通消息，让他将陈州发生的事，稍作改动说道："两官员贪赃枉法已经查实，被下在狱中。饥民作乱，为首者已被当场处死。"

刘衙内听了又忧又喜，又恨又急：忧的是，子婿已获罪；喜的是，幸亏早得消息，局面尚可挽回；恨的是，饥民作乱；急的是，时间仓促，刻不容缓。他自恃皇上宠爱，便连夜进宫见驾，在皇帝面前花言巧语。皇帝果然听信了他的谗言，下了一道圣旨："活的赦罪，死的不赦。"这样可以完全达到了刘衙内的愿望，既可救了他的子婿，又可镇压作乱的饥民。刘衙内奉了圣旨亲赴陈州，当着包拯的面宣读。包拯当场问道："济赈两官员何在？"众差役答道："已经死了。"包拯又问："饥民首领何在？"众差役答道："押在狱中。"包拯宣判道："奉圣旨，两贪官理该处死，不准赦其罪；李大胆之子，为父报仇是为义举，应予释放。"这一宣判，使刘衙内当场昏厥在地。从此一病不起。

处理这一案件后，包拯在陈州按法粜米，解救饥民于水深火热之中；整顿吏治，使社会复趋于安定平稳。

包拯教哑巴打兄

传说，有个哑子，每逢新知府上任，都献上一根木棒，任官责打。包公上任后，他又来献棒。包公想：如果他没有冤枉，怎肯屡屡无罪吃棒？无奈哑子口不能言，手不能写。包公心生一计，用猪血涂在哑子臂上，又以长枷押到街上示众。暗差几个心腹跟随其后，见有人替他鸣冤叫屈，就传这个人上堂。

一会儿，果见围观者中有个老头为哑子叫屈，于是将他引到包公面前。

老人说："这人是我村的石哑子，自小不能说话，只是耳朵还好使，他被哥哥石全赶出，万贯家财，并无分文给他。每年告官不能申冤，今日又被杖责，小老儿因此感叹。"

合肥包公园

包公传石全到衙，但石全不承认哑子是他亲兄弟。

石全走后，包公教哑子："你以后撞见你哥哥，就去扭打他。"

哑子眨巴着眼睛，看上去有些害怕。

包公说："你就照我的话去做好了，本官可为你做主。"

一日，被打得头破血流的哥哥来告哑子，说他不尊礼法，殴打亲兄。

包公问石全："哑子如果真是你亲弟，他的罪过不小，断不轻饶。如果是外人，只作斗殴论处。"

石全说："他果是我同胞兄弟。"

包公喝道："既是你亲兄弟，为何不将家财分给他？分明是居心独占！"

石全无话可说。包公即差人押他们回家，将所有家财各分一半。

相关评论

早在北宋时期，包拯就已是一个家喻户晓的名臣，他的故事开始在民间流传。包公为官清廉、言行一致、不畏权贵、刚正不阿的形象深入人心，特别是他疾恶如仇、执法无私、为民请命的精神，千百年来更获得无数民众的好感和钦佩，成为专制社会受到老百姓敬仰、崇拜的少数几个大清官之一。

包拯效忠宗室，判案公正严明。铁面无私下，仍有一颗悲天悯人的仁者之心，法理之外尚有人情，且不畏强权，深知民间疾苦。断案如神，明如镜，清如水，直比青天，故有"包青天"的美誉。他是中国老百姓心中的神。从南到北，在全国许多地方都设有纪念包公的祠庙，到处都有人在跪拜他。历代文人还写了不少颂扬包拯的诗词，用诗歌来歌颂他的刚正不阿和清正廉明，表达对他的景仰之情。

相关链接

书端州郡斋壁

包 拯

清心为治本，直道是身谋。

秀干终成栋，精钢不作钩。

仓充鼠雀喜，草尽兔狐愁。

史册有遗训，毋遗来者羞。

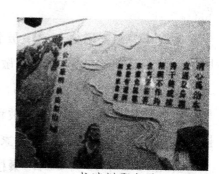

书端州郡斋壁

开封包府坑

包拯出任开封知府只有一年多，但是包拯死后，开封的老百姓一直非常怀念他，在开封府旁修建了一座包公祠。当时，开封府署内有一块题名碑，凡是在开封府任过府尹的，姓名都刻在碑上，只有"包拯"两个字被后人抚摸最多，以致留下了一道深深的指痕。现在，这块石碑仍然保存在开封历史博物馆里，"包拯"两字已模糊难辨。

开封包公祠毁于明代末年，当时明军为阻挡李自成进攻，扒开了黄河大堤，大水把开封府署和包公祠都冲毁了。大水过后，只在包公祠遗址上留下一个小水潭，被称为"包府坑"。

岳 飞

——精忠贯日，遗风余烈

人物简介

岳飞（1103—1142），字鹏举，汉族。北宋相州汤阴县永和乡孝悌里（今河南省安阳市汤阴县菜园镇程岗村）人。岳飞在军事方面的才能被誉为宋、辽、金、西夏时期最为杰出的军事统帅、联结河朔之谋的缔造者，同时又是两宋以来最年轻的建节封侯者，南宋中兴四将（岳飞、韩世忠、张俊、刘光世）之首，南宋军事家，中国历史上著名的抗金将领、战略家，华夏杰出先烈。

岳飞像

岳飞作为中国历史上的一员名将，其精忠报国的精神深受中国各族人民的敬佩。其在出师北伐、壮志未酬的悲愤心情下写的千古绝唱《满江红》，至今仍是令人士气振奋的佳作。其率领的军队被称为"岳家军"，金军中流传着"撼山易，撼岳家军难"的名句，表示对"岳家军"的最高赞誉。

公元 1141 年 12 月 29 日，秦桧以"莫须有"的罪名将岳飞害死于临安风波亭。1162 年，宋孝宗时诏复官，谥武穆；宁宗时追封为鄂王，改谥忠武（两宋文臣、武将得通谥者以"忠武"最美），有《岳武穆集》传世。

相关故事

岳母刺字

　　岳飞十五六岁时，北方的金人南侵，宋朝当权者腐败无能，节节败退，国家处在生死存亡的关头。

　　一天，岳母把岳飞叫到跟前，说："现在国难当头，你有什么打算？"

　　"到前线杀敌，精忠报国！"

　　岳母听了儿子的回答，十分满意，"精忠报国"正是母亲对儿子的希望。她决定把这四个字刺在儿子的背上，让他永远记着这一誓言。

　　岳飞解开上衣，请母亲下针。岳母问："你怕痛吗？"

　　岳飞说："小小钢针算不了什么，如果连针都怕，怎么去前线打仗！"

　　岳母先在岳飞背上写了字，然后用绣花针刺了起来。刺完之后，岳母又涂上醋墨。

　　从此，"精忠报国"四个字就永不褪色地留在了岳飞的后背上。后来，岳飞

岳母刺字

以"精忠报国"为座右铭，奔赴前线，英勇杀敌，立下赫赫战功，成为一名抗金名将。

精忠报国

　　绍兴九年(1139 年)，岳飞在鄂州(今湖北武昌)听说宋金和议将达成，立即上书表示反对，申言"金人不可信，和好不可恃"，并直接抨击了相国秦桧出谋划策、用心不良的投降活动，使"秦桧衔之(抱恨)"。和议达成后，高宗赵构下令大赦，对文武大臣大加爵赏。可是，诏书下了三次，岳飞都加以拒绝，不受开府仪同三司(一品官衔)的爵赏和三千五百户食邑的封赐。他在辞谢时，痛切地表示反对议和："今日之事，可危而不可安，可忧而不可贺。"后高宗对他好言相劝，岳飞方受。此后岳飞上表，"愿定谋于

全胜,期收地于两河,唾手燕云,终欲复仇而报国"。高宗没有采纳。

绍兴十年(1140 年)五月,金国撕毁和议,兀术等分四路来攻。由于没有防备,宋军节节败退,城池相继失陷。随后,高宗派韩世忠、张俊、岳飞等出师迎击。很快,在东、西两线均取得对金大胜,失地相继收回。岳飞挥兵从长江中游挺进,实施锐不可当的反击,他一直准备着的施展收复中原抱负的时机到来了。

岳家军进入中原后,受到中原人民的热烈欢迎。这年七月,岳飞亲率一支轻骑驻守河南郾城,和金兀术 15000 精骑发生激战。岳飞亲率将士,向敌阵突击,大破金军"铁浮图"和"拐子马",把金兀术打得大败。岳飞部将杨再兴,单骑闯入敌阵,想活捉金兀术,可惜没有找到,误入小商河,被金兵射死。岳家军将士具有"守死无去"的战斗作风,敌人即使以排山倒海的气势,也不能把岳家军阵容摇动。郾城大捷后,岳飞乘胜向朱仙镇进军(离金军大本营汴京仅 45 里),金兀术集合了 10 万大军抵挡,又被岳飞打得落花流水。岳飞这次北伐中原,一口气收复了颖昌、蔡州、陈州、郑州、河南府、汝州等十余座州郡(中原之地基本被岳家军所收复),并且消灭了金军有生力量,使金军军心动摇,金兀术连夜准备从开封撤逃。南宋抗金斗争有了根本的转机,再向前跨出一步,沦陷十多年的中原,就可望收复了。岳飞兴奋地对大将们说:"直抵黄龙府,与诸君痛饮尔!"而金军则发出了"撼山易,撼岳家军难"的哀叹。

就在抗金战争取得辉煌胜利的时刻,朝廷连下十二道金牌(红漆金字木牌),急令岳飞"措置班师"。在要么班师、要么丧师的不利形势下,岳飞明知这是权臣用事的乱命,但为了保存抗金实

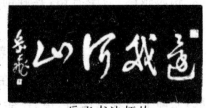

岳飞书法拓片

力,不得不忍痛班师。岳飞愤慨地说:"十年之功,废于一旦! 所得诸郡,一朝全休! 社稷江山,难以中兴! 乾坤世界,无由再复!"岳飞的抗金战斗,至此被迫中断。岳家军班师时,久久渴望王师北定中原的父老兄弟,拦道恸哭。岳飞为了保护老百姓的生命财产,故意扬言明日渡河,吓得金兀术连夜弃城北窜,准备北渡黄河,使岳飞得以从容地组织河南大批

人民群众南迁到襄汉一带，才撤离中原。这时，有一个无耻的书生，骑马追上金兀术扣马而谏："太子（兀术）毋走，京城可守也，岳少保兵且退矣。"金兀术又整军回到开封，不费吹灰之力，又占领了中原地区。

岳飞一回到临安，立即陷入秦桧、张俊等人布置的罗网。绍兴十一年（1141年），他遭诬告"谋反"，被关进了临安大理寺（原址在今杭州小车桥附近）。监察御史万俟卨亲自刑审、拷打岳飞。据说与此同时，

著名书法家聂成华书法——《满江红》

宋金政府之间，正加紧策划第二次议和，双方都视抗战派为眼中钉，金兀术甚至凶相毕露地写信给秦桧："必杀岳飞而后可和。"在内外两股恶势力夹击下，岳飞正气凛然，光明正大，忠心报国。从他身上，秦桧一伙找不到任何反叛朝廷的证据，韩世忠当面质问秦桧，秦桧支吾其词："其事莫须有"。韩世忠当场驳斥："'莫须有'三字，何以服天下？"绍兴十一年农历除夕夜，岳飞被高宗下令赐死于临安大理寺内，时年39岁。岳飞部将张宪、儿子岳云亦被腰斩于市门。民族英雄岳飞，就在"莫须有"的罪名下，含冤而死。临死前，他在供状上写下"天日昭昭，天日昭昭"八个大字。这是悲愤的呼喊！

相关评论

岳飞虽然被杀害了，但他的精忠报国的业绩是不可磨灭的。正是他表达了被压迫民族的要求，坚持了崇高的民族气节，在处境危难的条件下，坚持了抗金的正义斗争，并知道爱护人民的抗金力量，联合抗金军民一道，保住了南宋半壁河山，使人民免遭金统治者的蹂躏，从而保住了高度发展的中国封建经济和文化，并使之得以继续向前发展。岳飞不愧是我国历史上一位杰出的抗金英雄，其一生中有"还我河山"和"精忠报国"的爱国精神一直激励着后人。

文天祥评价岳飞："岳先生，我宋之吕尚也。建功树绩，载在史册，千百世后，如见其生。至于笔法，若云鹤游天，群鸿戏海，尤足见干城之选，

而兼文学之长,当吾世谁能及之。"

宋史对岳飞的评价:"西汉而下,若韩、彭、绛、灌之为将,代不乏人,求其文武全器、仁智并施如宋岳飞者,一代岂多见哉。"

明太祖朱元璋评价岳飞:"纯正不曲,书如其人。"

明神宗朱翊钧评价岳飞:"宋岳飞精忠贯日,大孝昭天。"

孙中山评价岳飞:"岳飞魂,是中华民族的精神代表,也就是民族魂。"

相关链接

满江红·怒发冲冠

怒发冲冠,凭栏处,潇潇雨歇。抬望眼,仰天长啸,壮怀激烈。三十功名尘与土,八千里路云和月。莫等闲,白了少年头,空悲切!

靖康耻,犹未雪。臣子恨,何时灭?驾长车,踏破贺兰山阙!壮志饥餐胡虏肉,笑谈渴饮匈奴血。待从头,收拾旧山河,朝天阙!

小重山

昨夜寒蛩不住鸣。惊回千里梦,已三更。起来独自绕阶行。人悄悄,帘外月胧明。

白首为功名。旧山松竹老,阻归程。欲将心事付瑶琴。知音少,弦断有谁听?

文天祥

——慷慨悲歌,英名千古

人物简介

文天祥(1236—1283),汉族,吉州庐陵(今江西青原区)人,南宋民族英雄,初名云孙,字天祥。选中贡士后,换以天祥为名,改字履善。中状元后再改字宋瑞,后因住过文山,而号文山,又有号浮休道人。恭帝德祐元年(1275),元兵长驱东下,文天祥在家乡起兵抗元。次年,临安被围,除右丞相兼枢密使,奉命往敌营议和,因坚决抗争被拘,后得以脱逃,转战于赣、闽、岭南等地,兵败被俘,坚贞不屈,就义于大都(今北京)。能诗,前期受江湖派影响,诗风平庸,后期多表现爱国精神之作。存词不多,其词作笔触有力,感情强烈,表现了作者威武不屈的英勇气概,震撼人心。有《文山先生全集》。

文天祥以忠烈名传后世,被俘期间,元世祖以高官厚禄劝降,文天祥宁死不屈,从容赴义,生平事迹合后世称许,与陆秀夫、张世杰合称为"宋末三杰"。

文天祥像

相关故事

爱国气节

1278 年春末,端宗病死,陆秀夫等拥立 6 岁的小皇帝,朝廷迁至距广东新会县 50 多里的海中弹丸之地,加封文天祥"信国公"。冬天,文天祥率军进驻潮州潮阳县,欲凭山海之险屯粮招兵,寻机再起。然而元军水陆并进,发起猛攻。

年底,文天祥在海丰北五坡岭遭元军突然袭击,兵败被俘,立即服冰片自杀,未果。降元的张弘范劝降,遭到严词拒绝。文天祥曾写《过零丁洋》明志:"辛苦遭逢起一经,干戈寥落四周星。山河破碎风飘絮,身世浮沉雨打萍。惶恐滩头说惶恐,零丁洋里叹零丁。人生自古谁无死,留取丹心照汗青。"

过零丁洋

元朝丞相孛罗亲自开堂审问文天祥。文天祥被押到枢密院大堂,昂然而立,只是对孛罗行了一个拱手礼。孛罗喝令左右强制文天祥下跪。文天祥竭力挣扎,坐在地上,始终不肯屈服。孛罗问文天祥:"你现在还有什么话可说?"文天祥回答:"天下事有兴有衰。国亡受戮,历代皆有。我为宋尽忠,只愿早死!"孛罗大发雷霆地说:"你要死?我偏不让你死。我要关押你!"文天祥毫不畏惧地说:"我愿为正义而死,关押我也不怕!"

从容就义

公元1282年3月,权臣阿合马被刺,元世祖下令籍没阿合马的家财、追查阿合马的罪恶,并任命和礼霍孙为右丞相。和礼霍孙提出以儒家思想治国,颇得元世祖赞同。8月,元世祖问议事大臣:"南方、北方宰相,谁是贤能?"群臣回答:"北人无如耶律楚材,南人无如文天祥。"于是,元世祖下了一道命令,打算授予文天祥高官显位。

文天祥的一些降元旧友立即向文天祥通报了此事,并劝说文天祥投降,但都遭到文天祥的拒绝。12月8日,元世祖召见文天祥,亲自劝降。文天祥对元世祖仍然是长揖不跪。元世祖也没有强迫他下跪,只是说:"你在这里的日子久了,如能改心易虑,用效忠宋朝的忠心对朕,那朕可以在中书省给你一个位置。"文天祥回答:"我是大宋的宰相。国家灭亡了,我只求速死,不当久生。"元世祖又问:"那你愿意怎么样?"文天祥回答:"但愿一死足矣!"元世祖十分气恼,于是下令立即处死文天祥。

次日,文天祥被押解到柴市刑场。监斩官问:"丞相还有什么话要说?回奏还能免死。"文天祥喝道:"死就死,还有什么可说的?"他问监斩官:"哪边是南方?"有人给他指了方向,文天祥向南方跪拜,说:"我的事情完结了,心中无愧了!"于是1283年1月9日,文天祥在大都柴市(今北京交道口南大街)被杀害。他在刑场写下了绝笔诗:

海丰西秦戏《留取丹心照汗青》

> 昔年单舸走维扬,万死逃生辅宋皇。
>
> 天地不容兴社稷,邦家无主失忠良。
>
> 神归嵩岳风雷变,气吐烟云草树荒。
>
> 南望九原何处是,尘沙黯淡路茫茫。
>
> 衣冠七载混毡裘,憔悴形容似楚囚。
>
> 龙驭两宫崖岭月,貔貅万灶海门秋。

天荒地老英雄丧，国破家亡事业休。

惟有一腔忠烈气，碧空常共暮云愁。

文天祥死后，人们在他的身上发现一首诗："孔曰成仁，孟曰取义，唯其义尽，所以仁至。读圣贤书，所学何事？而今而后，庶几无愧。"文天祥死时年仅47岁。

后人评价他："名相烈士，合为一传，三千年间，人不两见""事业虽无所成，大节亦已无愧"。肯定他主要不是以名相，而是以名相能为烈士。

相关评论

文天祥殉难后，汉族人民以各种方式纪念他。曾经参加义军的王炎午写了《望祭文丞相文》，赞扬文天祥像岁寒的松柏一样坚贞。他的死，使"山河顿即改色，日月为之韬光"。公元1323年，在文天祥家乡吉州的郡学里，他的遗像挂在先贤堂，与欧阳修、杨邦父、胡铨等并列祭祀。公元1376年，北京教忠坊建立了"文丞相祠"。后来，他的家乡吉州庐陵也建立了"文丞相忠烈祠"。文天祥的文集、传记在民间流传很广，历久不衰，激励着民族的正气。

文天祥，汉族杰出的民族英雄，生活在一个汉民族危机阴影笼罩的时代。文天祥的一生，与一场壮烈的民族存亡抗击战争相始终。他是一个永远被载入历史的爱国将领和著名诗人。他在强敌入侵，国土沦陷，生灵涂炭的危急时刻，自卖家产，组织义军，举兵抗击蒙古铁骑。

文天祥塑像

战败被俘后，他义正词严，痛斥汉奸和蒙古汗王，慷慨殉国。文天祥忠贞报国，为真理而战的"以身殉道不苟生，道在光明照千古"的民族气节，必将对海内外旅游者起到潜移默化的教化作用，从而振奋民族精神，使爱国主义的优良传统得以加强。

北京府学胡同小学纪念文天祥诞辰 770 周年

在纪念文天祥诞辰 770 周年（2006 年 6 月 6 日）纪念日到来之际，2006 年 6 月 2 日，北京东城区府学胡同小学 1700 余名师生在学校操场上，与文氏后裔、专家、学者同唱《正气歌》，纪念文天祥。孩子们用歌声、书画、篆刻等形式纪念文公，传承文天祥精神。

文天祥祠

府学胡同小学与文天祥祠仅一墙之隔，师生每天与文公为邻，和圣人相伴。文天祥忠贞为国的浩然正气时时感染着所有的府学人。为了更好地将文天祥精神传承，让学生更好地了解文天祥，感受文天祥，学校与文天祥祠还开辟了专用通道。吟诵会后，在新开通道的月亮门前，专家和来宾为"府学小学传统文化教育基地"和"北京大学人才交流中青少年发展部"举行了揭牌仪式，并向学生代表赠送了《正气万古存》文天祥校本教材。

海 瑞

——耿直忠介，刚正不阿

人物简介

海瑞（1515—1587），字汝贤，号刚峰，广东琼山（今属海南）人。明朝著名清官。历任知县、州判官、尚书丞、右金都御史等职。为政清廉，洁身自爱。为人正直刚毅,职位低下时就敢于蔑视
权贵,从不谄媚逢迎。一生忠心耿耿,直言敢谏。
曾经买好棺材,告别妻子,冒死上疏。死后谥号
"忠介"。海瑞一生清贫,抑制豪强,安抚穷困百
姓,打击奸臣污吏,因而深得民众爱戴。有"海青
天"之称。他的生平事迹在民间广泛流传,经演
义加工后,成为了许多戏曲节目的重要内容。

海瑞

相关故事

海瑞上疏

明世宗在位时间长了,不去朝廷处理政务,
而是深居在西苑,专心致志地设坛求福。总督、巡抚等边关大吏争着向
皇帝贡献有祥瑞征兆的物品,礼官总是上表致贺。朝廷大臣自杨最、杨
爵得罪以后,没有人敢说时政。海瑞对此十分不满,在嘉靖四十五年二
月时单独上疏,将嘉靖皇帝所犯的错误全部数了出来。他事先在棺材铺
里买好了棺材,并且将自己的家人托付给
了一个朋友。

嘉靖皇帝读了海瑞的上疏,十分愤怒,
把上书扔在地上,对左右说:"快把他逮起
来,不要让他跑掉。"宦官黄锦在旁边说:
"这个人向来有傻名。听说他上书时,自己
知道冒犯该死,就买了一个棺材,和妻子诀

千岛湖海瑞祠

别,在朝廷听候治罪,奴仆们也四处奔散没有留下来的,他是不会逃跑
的。"皇帝听了默默无言,过了一会又读海瑞上疏,一天里反复读了多次,
为上疏感到叹息,只得把上疏留在宫中数月。曾说:"这个人可和比干相
比,但朕不是商纣王。"

正遇上皇帝有病,心情郁闷不高兴,便召来阁臣徐阶议论禅让帝位
给皇太子的事,说:"海瑞所说的都对。朕现在病了很长时间,怎能临朝
听政。"又说:"朕确实不自谨,导致现在身体多病。如果朕能够在偏殿议

政,岂能遭受这个人的责备辱骂呢?"遂逮捕海瑞关进诏狱,追究主使的人。狱词送上后,仍然留在宫中不发布。户部有个司务叫何以尚,揣摩皇帝没有杀死海瑞的心意,上疏陈请将海瑞释放。皇帝大怒,命锦衣卫杖责一百,关进诏狱,昼夜用刑审问。过了两个月,嘉靖皇帝死,明穆宗继位,海瑞和何以尚都被释放出狱。

嘉靖皇帝驾崩,尚未发丧。提牢主事听说了这个情况,认为海瑞不仅会被释放而且会被任用,就办了酒菜来款待海瑞。海瑞怀疑自己即将被押赴西市斩首,就恣情吃喝,不管别的。主事因此附在他耳边悄悄说:"皇帝已经死了,先生现在即将出狱受重用了。"海瑞说:"确实吗?"随即悲痛大哭,马上吐出吃着的食物。在吐的时候,旁边和他吃饭的狱卒都搞不懂怎么回事儿,吓得赶紧躲到旁边。之后海瑞被释放出狱,官复原职,不久改任兵部,提拔为尚书丞,调任大理寺。

智斗胡公子

明朝嘉靖年间,社会风气腐败。达官贵人经州过县,除了酒肉招待之外,还要送上厚礼。那礼帖上写的是"白米多少石""黄米多少石"。但其实,这"白米""黄米"都是隐语,指的是白银多少两、黄金多少两。这样的风气蔓延开来,连一些公子衙内路过,地方也要隆重接待。

一天,总督胡宗宪的儿子,带着一队人马来到淳安。驿站官员不知道来者是谁,接待上稍有怠慢,惹得胡公子大怒,当场命令家丁把驿吏五花大绑,吊在树上,用皮鞭狠狠抽打。

淳安知县海瑞听说后,马上赶到驿站,见光天化日之下竟有如此无法无天之举,顿时义愤填膺。他大喝一声:"住手!"立即命令给驿吏松绑。

胡公子的手下见"半路杀出了程咬金",呼啦一下把海瑞团团围了起来。胡公子趾高气扬,挥着马鞭,说:"你知道大爷是谁吗?"

海瑞理直气壮、义正词严,呵斥道:"不管你是谁,都不准在我管辖的地方胡作非为!"

胡公子手下的家丁威吓说:"狗官,你瞎了眼!这是胡总督胡大人的公子!"

海瑞一听，心中早已有谱。他冷冷一笑，说："哼，以往胡大人来此巡查，命令所有地方一律不得铺张。今天看你们如此行装威盛，如此胡作非为，显然不是什么胡大人的公子，定是假冒的！"

说时迟那时快，海瑞挥手喝令将胡公子捉下，驱逐出境，并把他沿途勒索的金银财物统统充公。

海瑞塑像

事后，海瑞马上给胡宗宪修书一封，一本正经地禀告说："有人自称胡家公子沿途仗势欺民。海瑞想胡公必无此子，显系假冒。为免其败坏总督清名，我已没收其金银，并将之驱逐出境。"

胡宗宪是一代抗倭名将，他收到信后并不怪罪海瑞。就这样，海瑞巧妙地惩治了胡公子的巧取豪夺。

海瑞一生刚正不阿，在老百姓当中流传着这样一段称颂他的歌谣：

"海刚峰，不怕死，不要钱，不吐刚茹柔，真是铮铮一汉子！"

"不吐刚茹柔"，意思是不吐出硬的、吃下软的。这句话高度评价了海瑞不欺软怕硬的硬骨头精神。

相关评论

海瑞一生居官清廉，刚直不阿，清廉正直，深得民众的尊敬与爱戴。同样也在官场上得罪了很多人。他在南京当吏部尚书时就被民众称赞甚至拿他的画像当门神。据说听到他去世的噩耗时，当地的百姓如失亲人，悲痛万分。当他的灵柩从南京水路运回故乡时，长江两岸站满了送行的人群。很多百姓甚至制作他的遗像，供在家里。关于他的传说故事，民间更广为流传。后经文人墨客加工整理，编成了著名的长篇公案小说《海公大红袍》和《海公小红袍》，或编成戏剧《海瑞》《海瑞罢官》《海瑞上疏》等。海瑞和宋朝的包拯一样，是中国历史上清官的典范、正义的象征。

明代著名的思想家李贽评价海瑞："先生如万年青草，可以傲霜雪而不可充栋梁。"真是入骨三分。

相关链接

海瑞名言

要想天下清明安定，一定要实行井田，不得已而为限田，又不得已而实行均税，尚可存古人的遗意。

美曰美，不一毫虚美；过曰过，不一毫讳过。

不以誉喜，不以毁怒。

君子戒自欺，求自谦。

知县知一县之事，一民不安其生，一事不得其理，皆知县之责。

戚继光

—— 古来第一抗倭名将

人物简介

戚继光（1528—1588），字元敬，号南塘，晚号孟诸，汉族，山东登州人。明代著名抗倭将领、军事家。其父戚景通任漕运官员（今山东省微山县鲁桥镇），戚继光亦出生于此地。率军于浙、闽、粤沿海诸地抗击来犯倭寇，历 10 余年，大小 80 余战，终于扫平倭寇之患，被现代中国誉为民族英雄，卒谥武毅。世人称其带领的军队为"戚家军"。有多部军事著作及诗作传世，戚继光纪念馆现为福建省爱国主义教育基地。

戚继光像

相关故事

　　明代,有一批日本的海盗经常在我国东南沿海一带骚扰。闹得东南沿海不得安宁。历史上把这种海盗叫做"倭寇"。

　　公元 1553 年,倭寇集结了几百艘海船,在浙江、江苏沿海登陆,分成许多小股,抢掠了几十个城市。沿海的官吏和兵士不敢抵抗。

　　倭寇侵扰越来越严重,明世宗发愁了,叫严嵩想法子对付。严嵩的同党赵文华想出一个主意,说要解决倭寇侵犯,只有向东海祷告,求海神爷保佑。后来,朝廷派了个熟悉沿海防务的老将俞大猷去抵抗。俞大猷一到浙江,就打了几个胜仗。但是不久,浙江总督张经被赵文华陷害,俞大猷也被牵连坐了牢。沿海的防务没人指挥,倭寇的活动又猖獗起来。朝廷把山东的将领戚继光调到浙江,才扭转了这个局面。

　　戚继光到了浙江,先检阅那儿的军队,发现那些军队纪律松散,根本不能够打仗,就决心另外招募新军。他一发出招兵命令,马上有一批农民、矿工自愿参军,还有一些地主武装也参加了进来。戚继光组织的新军很快发展到四千人。

　　戚继光懂得兵士不经过严格训练是不能上阵的。他根据南方沼泽地区的特点,研究了阵法。经过严格训练,这支新军的战斗力特别强,"戚家军"的名气就在远近传开了。

　　过了几年,倭寇又袭击台州一带,戚继光率领新军赶到台州。那些乱七八糟的海盗队伍,哪里是戚家军的对手,交锋了九次,戚家军九战九捷。最后,倭寇在陆地上待不住,被迫逃到海船上,戚继光又用大炮轰击。大批倭寇被烧死或掉到海里淹死,留在岸上的也只得乖乖投降。

　　倭寇见浙江防守严密,不敢再侵犯。第二年,他们又到福建沿海骚扰。两路敌人互相声援,声势很大。福州的守将抵挡不了,向朝廷告急,朝廷又派戚继光援救。戚继光带了新军赶到宁德,打听到敌人的巢穴在宁德城十里外的横屿岛。那儿四面是水,地形险要。倭寇在那儿扎了大营盘踞,当地明军也不敢去攻打他们。

　　当天晚上潮落的时候,戚继光命令兵士每人随身带一捆干草,到了横屿对岸,把干草扔在水里。几千捆干草扔在一起,铺出了一条路来。戚家军兵士踏着干草铺成的路,插进倭寇大营。经过一场激烈战斗,盘踞在岛上的2000多个倭寇全部被歼灭。

戚家军进兵牛田。到了牛田附近,戚继光传出命令说:"远路进军,人马疲劳,先就地休整再说。"

这些话很快传到敌人那里。牛田的倭寇防备也就松懈下来。就在当天晚上,戚继光下令向牛田发起总攻击。倭兵毫无准备,纷纷败退。倭寇头目率领残兵逃到兴化,戚家军又连夜跟踪追击,消灭了溃逃的敌人。到天色发白的时候,戚家军开进兴化城。城里的百姓才知道附近的倭寇已被戚家军消灭。大家兴高采烈,纷纷到军营来慰劳。

第二年,倭寇又侵犯福建。这时候,俞大猷已经复职。朝廷派俞大猷为福建总兵,戚继光为副总兵。两个抗倭名将一起,大败倭寇。公元1565年,俞、戚两军再次配合,大败倭寇。到这时候,横行几十年的倭寇基本被肃清了。

相关评论

民族英雄戚继光在人民的支持下,肃清侵扰我国东南沿海的倭寇,这是历史上我国人民抵御外侮的第一次胜利,捍卫了中国的主权,保障了我国沿海地区人民的生命和财产的安全。

相关链接

惊人战绩

台州花街之战:斩首308颗,生擒2名倭首,其余淹死和未割首的数目不详,牺牲陈文清等3人。

白水洋战斗:我敌对比:1500对2000余。全歼2000多名倭寇,斩首344颗,生擒5名倭首,我方牺牲陈四等3人。

长沙之战:消灭倭寇3000名。

横屿岛渡海之战:消灭倭寇1000多名,斩首348颗,俘虏29名,牺牲陈文彪等13人。

牛田之战:击溃数万倭寇(包括假倭和真倭),斩首688颗,我方无一人牺牲。

　　林墩之战：烧死和淹死倭寇3000名左右，斩首960颗，俘虏26人，阵亡90人。

　　福清葛塘之战：消灭300多名倭寇，斩首150多颗，牺牲20人。

　　平海卫战斗：斩首2622颗，我方牺牲金渔等16人。

　　仙游之战：击溃10000余名倭寇，杀死倭寇1000余，斩首498颗，生擒1名，我方牺牲童子明等24人。

　　王仓坪战斗：击溃倭寇近万名，斩首177颗，我方无一人阵亡。

　　蔡丕岭战斗：击溃倭寇7000余名，杀死1000多名，斩首160多颗，我方牺牲31人。

史可法

—— 与城为殉，二分明月故臣心

人物简介

　　史可法（1601—1645），明末政治家、军事统帅。字宪之，又字道邻，汉族，祥符人（今河南开封），祖籍顺天府大兴县（今北京），东汉溧阳侯史崇第49世裔孙，其师为左光斗。明南京兵部尚书东阁大学士，因抗清被俘，不屈而死。南明朝廷谥之忠靖，清高宗追谥忠正。其后人收其著作，编为《史忠正公集》。

史可法

相关故事

扬州十日

　　多尔衮进入北京后不久，搞清楚了南明的形势，知道史可法是唯一一个可虑的人，就派副将唐起龙招抚江南，致书给史可法招降。这封著名的书信由投降满清的复社成员李雯起草。

　　史可法在回信中对满清入关赶走李自成表示了感谢，并明白无误地对吴三桂引清兵入关的行为表示了肯定。但在回答多尔衮让他背叛明朝的问题时，史可法的态度却非常坚决："可法北望陵庙，无涕可挥，身陷大戮，罪应万死。所以不即从先帝者，实为社稷之故也。传曰：'竭股肱之力，继之以忠贞。'"语气铿锵有力，给人留下了深刻的印象，也成为流传于后世的千古名篇。

这个时候史可法在南明政权中已经是力不从心，被排挤出南京到扬州督师后，根本不能指挥四镇那些骄兵悍将，因此也无法做出抗清的有效布置。他在回答多尔衮的时候，已经对自己拒绝投降的下场有了深刻的理解——这将是一种生死的选择。

史可法故居

史可法做了督师后，除了以身作则、跟兵士同甘共苦外，也做不了太多的事，但他却因此受到将士们的爱戴。

1645年4月17日，满清豫亲王多铎大军逼近扬州时，史可法刚刚从南京渡江回到江北，清军进至距离扬州20里处下营，次日兵临城下。史可法发出紧急檄文，要各镇将领集中到扬州守卫。但是过了几天，竟没有一个发兵来救。史可法知道，只有依靠扬州军民，孤军奋战了。

4月19日，高杰部提督李本深率领总兵杨承祖等向多铎投降，广昌伯刘良佐也率部投降。此刻扬州城里兵力相当薄弱。大军兵临城下，后果不难预料。这时候的史可法是极为矛盾的，他在给妻子的遗嘱中写道："法死矣。前与夫人有定约，当于泉下相候也。"在他死前四天写给妻子的另一封信中，他又说："法早晚必死，不知夫人肯随我去否？如此世界，生亦无益，不如早早决断也。"

信中流露出他对现实世界的深深厌恶。他从来没有像现在这样，对时局看得如此清楚,他知道无论是他个人,还是他所尊崇的南明朝庭,很快就要灭亡了。正是在这种绝望的情绪中,史可法已经默默地准备着他的死亡。但无论如何,即使史可法准备死去,也没有预备投降,由此他成为中国历史上最著名的爱国英雄之一。

由于扬州城墙高峻,清军的攻城大炮还没有运到,多铎并没有下令立即进攻,他先后五次派人招降史可法,都遭到了严词拒绝。史可法当众将多铎的信投入护城河中。他已经迅速地变成那个艰难时期的英雄人物,"从来降将无伸膝之日,逃兵无回颈之时"。史可法将与扬州共存亡。

4月24日夜间,清军用红衣大炮轰塌城墙,"城上鼎沸,势遂不支"。25日,史可法正在指挥军民堵缺口,大批清军已经蜂拥着冲进城来。史可法眼看城已经没法再守,拔出佩刀往自己脖子上抹。随从的将领们抢上前去抱住史可法,把他手里的刀夺了下来。史可法还不愿走,部将们连拉带劝地把他保护出小东门。

扬州是江南顽强抵抗清军的第一座城,也是清军入关以来首次遇到的军民一体的坚强抵抗。为了对扬州人民进行报复,也是满清想杀一儆百,于是多铎下令,烧杀抢掠持续十天。历史上把这件惨案称作"扬州十日"。

相关评论

史可法的才能在南明朝廷里并不是非常突出,但历史将他推到了风口浪尖。史之才,相对于堵胤锡、张煌言都逊色不少,并且他的政治敏感性和军事敏感性都十分欠缺(比如"联虏平寇")。但是不可否认的是史可法的忠诚与爱国,这一点甚至得到了敌人的认可。后清朝乾隆皇帝以其忠义,追谥忠正。史可法是左光斗的学生,方苞曾写《左忠毅公轶事》,述说史可法与其师左光斗之间的提携情感,自是铮铮铁骨、有血有泪。

相关链接

自题联集

1. 千里过师从席忱;一身报国托文章。

2. 忠孝立身真富贵;文章行世大神仙。

3. 古砚不容留宿墨;旧瓶随意插新花。

4.斗酒纵观廿四史；炉香静对十三经。

5.自学古贤临静节；唯应野鹤识高情。

6.洞雪压松多偃仰；岩泉滴石久玲珑。

诗　联

题安徽宿松白崖寨，位于城东北，白崖山上。其寨由块块大石垒成，险要处为双层寨墙。相传为元末吴士杰所建。史可法曾依寨歼敌，于石上镌"最上一乘"四字并撰书此联：

听涧底泉声，呼天地是歌是哭；看阶前月色，问英雄还死还生。

郑成功

——一隅抗志，海外孤忠

人物简介

郑成功

郑成功(1624—1662)，汉族，明末清初军事家，民族英雄。本名森，又名福松，字明俨，号大木，福建省南安市石井镇人。其父郑芝龙，其母田川氏。弘光时监生，隆武帝赐姓朱，并封忠孝伯，这也就是他俗称"国姓爷"的由来。清兵入闽，其父郑芝龙迎降，他哭谏不听，起兵抗清。后与张煌言联师北伐，震动东南。郑成功一生，抗清驱荷，以赶走荷兰殖民主义者、收复祖国领土台湾的业绩载入史册，海峡两岸均立像树碑纪念。有《延平王集》行世。

相关故事

郑成功收复台湾

郑成功是明清之际民族英雄。清兵打到福建，他的父亲郑芝龙贪图富贵，就抛弃了隆武帝，向清朝投降，隆武政权也灭亡了。郑成功当时是一个才22岁的青年将领。郑芝龙投降清朝的时候，郑成功苦苦劝阻他父亲。后来，他眼见父亲执迷不悟，气愤之下，就单独跑到南澳岛，招募了几千人马,坚决抗清。清王朝知道郑成功是个能干的将才,几次三番派人诱降,都被郑成功拒绝。清将又派他弟弟带了郑芝龙的信劝他投降。他弟弟说:"你如果再不投降,只怕父亲的性命难保。"郑成功坚决不动摇,写了一封回信,跟郑芝龙决绝。

郑成功兵力渐渐强大起来,在厦门建立了一支水师。他跟抗清将领张煌言联合起来,乘海船率领水军17万人开进长江,分水陆两路进攻南京,一直打到南京城下。但是清军用假投降的手段欺骗了他。郑成功中了清军的计,最后打了败仗,又退回厦门。

郑成功回到厦门,清军已经占领福建大部分地方,他们用封锁的办法,要福建、广东沿海百姓后撤40里,断绝对郑军的供应,想困死郑成功。郑成功在哪里招兵筹饷,都遇到困难,就决定向台湾发展。

台湾自古以来就是我国的领土。明朝末年,欧洲的荷兰人趁明王朝腐败无能,霸占了台湾的海岸,修建城堡,向台湾人民勒索苛捐杂税。台湾人民不断反抗,遭到了荷兰侵略军的镇压。

郑成功少年时期就跟随他父亲到过台湾,亲眼看到台湾人民遭受的苦难,早就想收复台湾。这一回,他下决心赶走侵略军,就下命令要他的将士修造船只,收集粮草,准备渡海。

恰好在这时候,有一个在荷兰军队里当过翻译的何廷斌,赶到厦门见郑成功,劝郑成功收复台湾。他说,台湾人民受侵略军欺侮压迫,早就想反抗了。只要大军一到,一定能够把敌人赶走。何廷斌还送给郑成功一张台湾地图,把荷兰侵略军的军事部署都告诉了郑成功。郑成功有了这个可靠的情报,进攻台湾的信心就更足了。

1661年3月,郑成功要他儿子郑经带领一部分军队留守厦门,自己亲率25000名将士,分乘几百艘战船,浩浩荡荡从金门出发。他们冒着风浪,越过台湾海峡,在澎湖休整几天,准备直取台湾。这时候,有些将士听说西洋人的大炮厉害,有点儿害怕。郑成功把自己乘坐的战船排在前面,鼓励将士说:"荷兰人的红毛火炮没什么可怕,你们只要跟着我的船前进就是。"

荷兰侵略军听说郑军要进攻台湾,十分惊慌。他们把军队集中在台湾(在今台湾东平地区)和赤嵌(在今台南地区)两座城堡,还在港口沉了好多破船,想阻挡郑成功的船队登岸。

郑成功叫何延斌领航,利用海水涨潮的时机,驶进了鹿耳门,登上台湾岛。

金门延平郡王祠

台湾人民听说郑军来到,成群结队推着小车,提水端茶,迎接亲人。躲在城堡里的荷兰侵略军头目气急败坏地派了100多个兵士冲来,郑成功一声号令,把敌军紧紧围住,杀了一个敌将,敌兵也溃散了。

侵略军又调动一艘最大的军舰"赫克托"号,张牙舞爪地开了过来,阻止郑军的船只继续登岸。郑成功沉着镇定,指挥他的60艘战船把"赫克托"号围住。郑军的战船小,行动灵活。郑成功号令一下,60多只战船一齐发炮,把"赫克托"号打中起了火。大火熊熊燃烧,把海面照得通红。"赫克托"号渐渐沉没下去,还有三艘荷兰船一看形势不妙,吓得掉头就逃。

荷兰侵略军遭到惨败,龟缩在两座城里不敢应战。他们一面偷偷派人到巴达维亚(今爪哇)去搬救兵,一面派使者到郑军大营求和,说只要郑军肯退出台湾,他们宁愿献上10万两白银慰劳。

郑成功扬起眉毛,威严地说:"台湾本来是我国的领土,我们收回这个地方,是理所当然的事,你们如果赖着不走,就把你们赶出去!"

郑成功喝退荷兰使者,派兵猛攻赤嵌。赤嵌的敌军负隅顽抗,一时攻不下来。有个当地人给郑成功出个主意说:赤嵌城的水都是从城外高地流下来的,只要切断水源,敌人就不战自乱。郑成功照这个办法做了,不出 3 天,赤嵌的荷兰人果然乖乖地投降了。

盘踞台湾城的侵略军企图顽抗,等待救兵。郑成功决定采取长期围困的办法逼他们投降。在围困 8 个月之后,郑成功下令向台湾城发起强攻。荷兰侵略军走投无路,只好扯起白旗投降。1662 年初,侵略军头目被迫到郑成功大营,在投降书上签了字后,灰溜溜地离开了台湾。

郑成功从荷兰侵略者手里收复了我国的神圣领土台湾,成为我国历史上杰出的民族英雄。

相关评论

1950 年,中华人民共和国的历史课本中,称赞郑成功"驱逐了外国侵略者在台湾的势力……受到我国人民的崇敬",郑成功击败荷兰人的事实,成为反对帝国主义侵略的民族英雄。后来的教科书中,郑成功一直以"击败西方殖民者""收复台湾回归祖国"被誉为"民族英雄",直到今日。2005 年 3 月,刚刚辞去中华人民共和国中央军事委员会主席职务的江泽民,特别送给中央军委和国务院等领导人一系列瓷雕,主题是"郑成功收复台湾"。

相关链接

郑成功墓

郑克塽降清迁居燕京后,上疏表示"念台湾远隔溟海,祭扫维艰",请迁内地。康熙皇帝对此下诏:"郑成功系明室之遗臣,非朕之乱臣贼子。敕遣官,护送成功及子经两柩,归葬南安,置守冢,建祠祀之。"并题赠挽联:"四镇多二心,两岛屯师,敢向东南争半壁;诸王无寸土,一隅抗志,方知海外有孤忠。"康熙三十八年(1699 年)五月二十二日,郑成功父子迁葬福建省南安市康店村覆船山,附葬于七世祖郑乐斋坟墓内。

林则徐

——捍卫祖国，民族巨人

人物简介

林则徐画像

林则徐（1785—1850），汉族，福建侯官人（今福建省福州），字元抚，又字少穆、石麟，晚号俟村老人、俟村退叟、七十二峰退叟、瓶泉居士、栎社散人等。是清朝后期政治家、思想家和诗人，是中华民族抵御外辱过程中伟大的民族英雄，其主要功绩是虎门销烟。官至一品，曾任江苏巡抚、两广总督、湖广总督、陕甘总督和云贵总督，两次受命为钦差大臣；因其主张严禁鸦片、抵抗西方的侵略、坚持维护中国主权和民族利益，深受全世界中国人的敬仰。

相关故事

虎门销烟

1839年3月10日，林则徐经过两个月的行程到达广州，成千上万的人挤满了珠江两岸，人人争睹钦差的风采。整个广州都在等待和倾听钦差大臣的声音，林则徐的回答是第二天在辕门外贴出的两张告示：《收呈示稿》宣明钦差大臣到广州的目的是查办海口事件；《关防示稿》无异于钦差大臣此行的第一个宣言，是采取禁烟行动的先声。这两个告示是林则徐作为钦差大臣向广州官员、百姓和外国人的首次公开亮相，它们不仅再次以清廉告白天下，而且是为了驾驭极其复杂的局面。

1839年3月18日，林则徐发布两个谕帖。

3月19日，下令禁止外国人离开广州。

3月21日，下令包围商馆。

3月22日，下令查拿英国鸦片贩子。

英国驻华商务监督义律到来，矛盾自然转移到他身上。他到达当天,林则徐下令停泊在珠江上的一切外国船只封舱,当天晚上封锁商馆,并且撤走一切差役和中国雇员。但是义律是一个十足的大流氓,面对林则徐的命令,出尔反尔、无赖、讹诈、欺骗、撒谎的卑鄙手法交替使用。义律狡猾多端,但不是林则徐的对手,3月28日,向林则徐呈送了《义律遵谕呈单缴烟二万零二百八十三箱禀》。

从林则徐1839年3月10日到达广州,到义律3月28日被迫同意缴出全部鸦片,总共18天,这充分说明了林则徐收缴鸦片第一回合的胜利。

林则徐与邓廷桢等人会商后,就收缴的地点、验收、押运、存储、看管、守卫等各个环节做了无懈可击的指令和安排。

4月10日,林则徐、邓廷桢亲赴虎门检查收缴前各项准备工作。

4月11日,开始收缴,林则徐亲自监督收缴全过程。

5月18日,实用了34天,共收缴烟土19187箱,又2119袋,总重量1188127千克。

收缴的这段日子,林则徐一刻不怠地监督这一庞杂的过程。日夜操劳,一丝不苟,无一纰漏。

6月3日,历时23天的虎门销烟,在林则徐的指挥下,向全世界宣告了中华民族决不屈服于侵略的决心。虎门销烟,是人类历史上旷古未有的壮举,展示出中华民族无与伦比的伟大形象,是抗击外来侵略的胜利。林则徐理所当然地是这一事件的组织者、指挥者和完成者。从这个意义上说,他已毫无愧色地成为历史巨人了。

虎门销烟前,林则徐了解到,过去用火焚烧鸦片,鸦片油渗入土中,一些人就将这些土挖去,熬炼成烟膏。因此他派人在虎门海滩挖出长宽各15丈的两个大池,灌入海水,然后把鸦片投入池内,泡透后放石灰,再打开涵闸让鸦片泄入茫茫大海。这就是举世闻名的"虎门销烟"。

虎门销烟共销毁鸦片2376254千克。

销烟的正义行动,取得了广大人民的支持,虎门海滩每天都有上万人观看,人们无不拍手称快。外国人看到这情形,也对林则徐禁烟的果断表示钦佩。

虎门销烟

林则徐改诗

林则徐的女婿沈葆桢，年轻时功名未就，跌宕不羁，曾有咏新月诗云：一钩已足明天下，何必清辉满十分。林则徐读了，认为女婿诗虽好，但却小有不妥，于是替他把"必"字改为"况"字。沈葆桢的诗托月言志，未免自视清高，气量褊狭。林则徐把它改为"何况清辉满十分"，诗意迥然不同，成为功名未就时，蓄才积识以备济世之用，一旦身居高位便可大展身手，实现治国安邦的宏图大业的格言警句；而且对照上下句，诗中隐含着"居庙堂之高则忧其民，处江湖之远则忧其君"的深意。一字之差，反映了翁婿两人的不同襟怀。

相关评论

林则徐从政 40 年，历官 13 省，是著名的封建政治家、地主阶级改革派的代表人物。虽然作为封建官吏，存在"忠君"思想，镇压过少数民族起义，但在中华民族面临沦入半殖民地的紧要关头，他挺身而出，"置祸福荣辱于度外"，坚决实行禁烟，抵抗外国武装侵略，捍卫了国家主权和领土完整。还主张学习西方先进技术，发展民族工商业。史学界称他为"近代中国的第一人臣"。

相关链接

林则徐名诗与名句

1.子孙若如我，留钱做什么，贤而多财，则损其志；子孙不如我，留钱做什么，愚而多财，益增其过。

2.海纳百川，有容乃大；壁立千仞，无欲则刚。

3.苟利国家生死以，岂因祸福避趋之。有容乃大千秋几？无欲则刚百世师。比武守疆驱虎豹，论文说理寓诗词。为官首要心身正，盖世功勋有口碑。

4.海到无边天作岸；山登绝顶我为峰。

林则徐雕像

5.《赴戍登程口占示家人》七律二首：

其一

出门一笑莫心哀，浩荡襟怀到处开。

时事难从无过立，达官非自有生来。

风涛回首空三岛，尘壤从头数九垓。

休信儿童轻薄语，嗤他赵老送灯台。

其二

力微任重久神疲，再竭衰庸定不支。

苟利国家生死以，岂因祸福避趋之。

谪居正是君恩厚，养拙刚于戍卒宜。

戏与山妻谈故事，试吟断送老头皮。

谭嗣同

——横刀立马,舍身报国

人物简介

谭嗣同(1865—1898),汉族,湖南浏阳人,是中国近代资产阶级著名的政治家、思想家,维新志士。他主张中国要强盛,只有发展民族工商业,学习西方资产阶级的政治制度。公开提出废科举、兴学校、开矿藏、修铁路、办工厂、改官制等变法维新的主张。写文章抨击清政府的卖国投降政策。1898年变法失败后被杀,年仅33岁,"戊戌六君子"之一。

相关故事

1898年,谭嗣同由于学士徐致靖的推荐,被光绪皇帝宣召,恰巧生大病,不能去。到8月,谭嗣同才带病进见皇帝,他回答的话很合皇帝的心意,皇上破格提升他,赏赐四品卿的官衔,做军机处办理文书的官,和杨锐、林旭、刘光第共同参与新政,当时号称"军机处四大臣"。参与新政的人,就像唐、宋的"参知政事",实际上是宰相的职位。皇上想重用康有为先生,可是皇上害怕西太后,不敢实行自己的旨意。几个月以来,皇上有什么事情要询问,就命令总理衙门传达圣旨;康先生有什么事情要陈述启奏,就只能写在呈给皇帝的奏书里。自从四大臣进入军机处以后,皇上和康先生的意见才能略微沟通,皇上决心要进行大改革了。可是西太后和那些反对变法维新的顽固派的忌恨也更加深了,不到10天,戊戌政变就发生了。

当初,谭嗣同刚进京时,有人同他说皇上无权、西太后阻挠变法的事,谭嗣同不相信。到了9月12日,皇上想要开懋勤殿,设顾问官,命令他起草诏书,先派太监拿了历代皇帝的遗训给他,传达皇上的话,说康熙、乾隆、咸丰三代皇帝都有开懋勤殿设顾问官的先例,要他查出来写在诏书中,皇上将要用这些材料于13日亲自到颐和园向西太后请示。他退朝回来，就告诉共事的人说："今天才知道皇上真的没有权。"到了 13 日，朝廷里人人都知道要开懋勤殿的事，认为今天圣旨就能下达，但终于没有下达，于是更加知道西太后与光绪帝不相容了。

14 日，皇上召见杨锐，给他密诏，上面有"我的皇位将近不保，命令康有为与军机四大臣以及志同道合的人火速设法筹划营救"的话。谭嗣同和康先生捧着密诏痛哭，但皇上手中没有一点权柄，没有什么办法。当时许多将领当中，只有袁世凯长期出使朝鲜，研究过中国和外国强弱不同的原因，极力主张变法，谭嗣同就秘密上奏，请皇上拿优厚的待遇联络他，希望危急时刻或许能救助皇上，言辞十分激昂迫切。

9 月 16 日，皇上召见袁世凯，特别赏赐侍郎的官衔。17 日，皇上又召见了袁世凯。18 日晚上，谭嗣同直接到袁世凯所居住的法华寺，直接问袁世凯："您认为皇上是怎样一个人？"袁世凯说："是一代少有的贤明君主呀。"谭嗣同说："天津阅兵的阴谋，您知道吗？"袁世凯说："是的，确实听到过一些传闻。"谭嗣同于是直接拿出密诏给他看，说："现在可以救助我们圣主的，只有你了，你如果想救就救救他！"又用手摸着自己的脖子说："如果不想救，就请你到颐和园告发我，并杀了我，你可以凭借这得到富贵了。"袁世凯声色俱厉地说："你把我袁某当成什么人了？圣主是我们共同事奉的君主，我和你同样受到非同一般的恩遇，救护的责任不仅在你。如果有什么指教，我自然愿意听的。"谭嗣同说："荣禄的阴谋，全在于天津阅兵的举动，你和董福祥、聂士成三支军队，都受荣禄的指挥调遣，将要用兵力挟持皇上逼他退位。虽然这样，董福祥、聂士成不值得一提，天下的英雄豪杰只有你。如果事变发生，你用一支部队抵挡他们两支军队，保护皇上，恢复大权，肃清君主周围的坏人，整肃宫廷里的秩序，指挥起来镇定自若，这是当世无比的事业啊。"袁世凯说："如果皇上在阅兵时快速驰入我的军营，传下号令来诛灭奸贼，那么我一定能紧随你们之后，竭尽一切力量来拯救。"谭嗣同说："荣禄待你一向优厚，你用什么对付他？"袁世凯笑着不说话。袁世凯幕府里一个人说："荣贼并不是推心置腹地对待慰帅,过去有人要增加慰帅的兵力,荣贼说:'汉人不可给他大兵权。'他不过一向笼络慰帅罢了。就像前年胡景桂弹劾慰帅一事,胡景桂是荣贼的亲信,荣贼指使他弹劾慰帅,而自己来查办,洗清冤情来显示对慰帅的恩德。不久,胡景桂就委任宁夏知府,随即升为宁夏道,这是荣贼极其阴险奸诈的地方,慰帅难道不知道他!"谭嗣同于是说:"荣禄本是曹操、王莽似的人物,当代少有的奸雄,对付他恐怕不容易。"袁世凯怒目而视,说:"如果皇上在我的军营,那么杀荣禄就像杀一条狗罢了。"于是互相详细地研究了救皇上的计划。袁世凯说:"现在军营中枪弹火药都在荣禄的手里,而营、哨各官员,也多属于旧党人员,事情紧急了,既然已经确定计划,那么我必须急速回营,另选将官,并设法准备贮存弹药,就可以了。"于是谭嗣同再三嘱咐袁世凯,就离开了。当时是9月18日夜晚,三更天。

到了20日那天,袁世凯又被召见,听说也接到秘密诏书了。

21日,西太后发动政变。慈禧连发谕旨,捉拿维新派。谭嗣同听到政变消息后并不惊慌,而是置自己的安危于不顾,多方活动,筹谋营救光绪帝。但措手不及,计划均告落空。在这种情况下,他决心以死来殉变法事业,用自己的牺牲去向封建顽固势力作最后一次反抗。谭嗣同把自己的书信、文稿交给梁启超,要他东渡日本避难,并慷慨地说:"不有行者,无以图将来;不有死者,无以召后起。"日本使馆曾派人与他联系,表示可以为他提供"保护",他毅然回绝,并对来人说:"各国变法无不从流血而成,今日中国未闻有因变法而流血者,此国之所以不昌也。有之,请自嗣同始。"

24日,谭嗣同在浏阳会馆被捕。在狱中,他意态从容,镇定自若,写下了这样一首诗:"望门投止思张俭,忍死须臾待杜根。我自横刀向天笑,去留肝胆两昆仑。"9月28日,他与其他5位志士英勇就义于北京宣武门外菜市口。

当他们被杀时,刑场上观看者上万人。他神色不变,临终时还大声说:"有心杀贼,无力回天;死得其所,快哉快哉!"充分表现了一位爱国志士舍身报国的英雄气概。

1899年，他的遗骸运回原籍，葬在湖南浏阳城外石山下。墓前华表上挽联写道："亘古不磨，片石苍茫立天地；一峦挺秀，群山奔赴若波涛。"其著作编为《谭嗣同全集》。

相关评论

"历忧患而不穷，处生死而不乱"，是对人的胸襟和气量的最高要求。自古以来，能够做到这两点的人有几个呢？无疑，谭嗣同就是其中的一个。康有为曾经这样赞扬谭嗣同："挟高士之才，负万夫之勇，学奥博而文雄奇，思深远而仁质厚，以天下为己任，以救中国为事，气猛志锐。"光绪二十四年九月二十八日，北京菜市口，谭嗣同面对万人疾呼："有心杀贼，无力回天；死得其所，快哉快哉！"大刀一闪，血光如炬，直冲九天，中国的历史长空留下一道气壮山河的彩虹。

相关链接

有 感

世间无物抵春愁，

合向苍昊一哭休。

四万万人齐下泪，

天涯何处是神州！

这首诗写于中日甲午战争之后的光绪二十二年（1896年），中日签订《马关条约》割让台湾以后的一周年。

狱中题壁

望门投止思张俭，

忍死须臾待杜根。

我自横刀向天笑，

去留肝胆两昆仑。

忠义宦官

高力士

——忠心事主，千古贤宦

人物简介

高力士（684—762），本名冯元一，是中国唐代的著名宦官之一。祖籍高州良德霞洞堡（今电白县霞洞镇）人，曾祖冯盎、祖父冯智玳、父冯君衡，曾任潘州刺史。他幼年时入宫，由高延福收为养子，遂改名高力士，受到当时女皇帝武则天的赏识。在唐玄宗管治期间，其地位达到顶点，由于曾助唐玄宗平定韦皇后和太平公主之乱，故深得玄宗宠信，终于累官至骠骑大将军、进开府仪同三司。被誉为"千古贤宦第一人"。

相关故事

高力士是唐玄宗时当权宦官。潘州（今广东高州）人，本姓冯。少年被阉，圣历元年（698 年）入宫。武则天以其聪慧，令给事左右。却因小事触怒女皇而一度被逐，宦官高延福收为养子，遂冒姓高。高延福交结武三思，力士遂得复入宫，为宫闱丞。李隆基为藩王时，力士倾心附结，参与宫廷政变立功。后隆基即位（即唐玄宗李隆基），力士深得信任，擢右监门卫将军，知内侍省事，累授骠骑大将军，封渤海郡公。

力士常宿禁中，四方进奏文表，必先过目，小事便自行裁决。玄宗说："力士当上（值日），我寝乃安。"在朝廷中有着举足轻重的地位。太子李亨（后为肃宗）呼之为二兄，诸王、公主呼之为阿翁，驸马辈呼之为爷，唐明皇李隆基也不直呼高力士的名字，称呼他将军 。他的资产富过王侯。曾修佛寺铸钟，宴公卿，规定击钟一次须纳礼钱 10 万，谄媚他的人击至 20 杵，少者亦至 10 杵。高力士自幼与母麦氏失散，他贵显后，岭南节度使探听到麦氏的下落，于是将麦氏从泷州迎接到长安。玄宗封麦氏为越国夫人，追赠力士亡父为广州大都督。

力士平素谨慎，又善于观察时势，所以久受宠任，于朝廷内外亦无大恶名。而他言事有个特点，叫"顺而不谀，谏而不犯"。其实早在安史之乱之前，玄宗逐渐沉迷声色，任用奸邪之人时，作为皇帝亲信的他不仅仅伺候皇帝和贵妃的起居，更重要的是多次警示忠告唐玄宗应提防安禄山拥兵自重，心怀叵测，劝玄宗收回边事大权。

可惜，开始玄宗还听，说得多了，皇帝就不高兴了，终是没有听从。直到杨贵妃殒命马嵬坡，唐玄宗才悔恨交加，说："悔不听卿言，致有今日之祸！"

马嵬驿杨贵妃被处死，千余年来评说纷纭。在当时护驾军士群情激愤的危急情况下，高力士为了保护玄宗逃亡，也只能劝皇帝采纳龙武大将军陈玄礼的主张，采取牺牲贵妃以平息军愤的无奈办法。

玄宗入蜀后，先前与高力士同受宠信的官居三品的内侍监袁思艺投降安禄山，高力士则因从幸成都、护驾有功进封齐国公。肃宗即位后，当时的情况是不容乐观的，在复杂残酷的宫廷斗争中，玄宗返回长安后肃宗对乃父的态度，也绝非玄宗所愿的"不忘孝"。疾风知劲草，危难之际，高力士既对唐玄宗忠心耿耿，追随身旁，又能在大是大非的问题上把握时机，及时进谏，提醒玄宗，在当时的社会条件下，可谓处事干练的忠臣。

安史之乱平息以后，玄宗被迎接回朝，并尊为"太上皇"。儿子肃宗不希望太上皇管朝政，肃宗的皇后张良娣及宦官李辅国就暗中配合，常常挟制迫害玄宗。一般旧臣，早都忙着投靠新主子邀宠去了。备感寂寞的唐玄宗，左右只有一个人陪伴，那就是高力士。

京剧中的高力士

上元元年即公元 760 年，以拥戴肃宗有功的大宦官李辅国乘肃宗父子之间的矛盾，诬奏玄宗与高力士"日与外人交通"，又借口"请太上皇到太极宫游玩"，强行把玄宗迁往西内。玄宗骑马行至睿武门，却被忽然涌上的 500 名手执出鞘兵刃的禁军拦住了去路。

为首的正是李辅国，他傲慢道："陛下说，太上皇居住的兴庆宫太过狭小不便，请您去太极宫居住！"玄宗受了惊吓，几乎掉下马来。高力士连忙扶住玄宗，走上前去厉声面斥李辅国："五十年太平天子，李辅国汝旧臣，不宜无礼，李辅国下马！"李辅国不觉失辔而下，又看了他一眼，遂冷笑道："高公公，真没想到事到如今，你怎么还那么不懂事？"言罢便一刀砍死了高力士身边的一名小宦官。高力士面对李辅国的威胁面不改色，直接对那500骑兵喊话道："太上皇诰曰，将士各得好生！（大家辛苦了！你们在太上皇面前拔刀拦路，就不怕犯王法吗?!)"他的气概把李辅国和500禁军镇住了，皆慌忙收刀下马跪倒齐呼"太上皇万福"。局面算是初步稳定了下来，但高力士是个明白人，知道重回兴庆宫已是不可能的了，唯一能做的只有保护玄宗安全了。怎么办呢？他就直盯着李辅国道："李辅国拢马！"李辅国看了看他，只好悻悻然过去把马缰拉住，这样一来，他与李辅国两人一左一右牵着玄宗的马，把玄宗平安护送到了太极宫。宫门关上之后，李辅国才带兵离去。而玄宗握住高力士的手已是泪流满面，说："微将军，阿瞒（玄宗小名）已为兵死鬼矣！"

高力士的行为，深深得罪了李辅国。不久李辅国就勾结张良娣私下诏书，"上元初遭谤迁谪安置巫州，知与不知，皆为叹息"。将高力士强行从玄宗身边拖走，所以才会有了后来的流放，平素行事谨慎的他，为了玄宗，不惜得罪权势滔天的李辅国，是怎样的忠心？应当说，这个荣与辱大起大落的著名宦官，在当时的历史环境里，做到了一个古代忠臣所能做的一切。

公元762年4月，玄宗和肃宗相继去世。李豫即位，是为代宗，改元宝应，大赦天下。流放于巫州的高力士遇赦回京。6月，他得到玄宗去世的噩耗，"号天叩地，悲不自胜"，每一号恸，数回气绝。7月，到朗州（今湖南常德）时由于哀毁过度，哽咽成疾。他对左右说："吾年已73，可谓寿矣。官至开府仪，可谓贵矣。既贵且寿，死何恨焉。所恨者二圣升遐，攀号不逮；孤魂旅榇，飘泊何依？"8月8日在朗州开元寺的西院去世。代宗以高力士为前朝耆旧，保护先帝有功，遂诏令恢复他过去的官爵，并赠扬州大都督，许配葬玄宗的泰陵。

相关评论

他的功,远远大于他的过。况且,就冲着他对李隆基的一片忠心,就足以推翻太监们"阿谀奉承,见风使舵"的面具化形象。李贽在《史纲评要》中指出高力士"真忠臣也,谁谓阉宦无人"! 是摒弃了传统偏见的中允不二的恍论。

陕西师范大学历史系教授、著名的唐史专家胡戟这样评价高力士:"他有历史局限性,但他也为唐王朝的中兴写下了浓重的一笔。对比唐王朝尔虞我诈、亲情泯灭的残酷斗争,他对唐玄宗至死不渝的忠诚,无疑是闪烁着人性光辉的一个亮点。"而他与唐玄宗不离不弃、终生不渝的关系,更是超越了君臣,超越了主仆,那是一种生死与共的兄弟、知己情谊。

相关链接

感巫州荠菜(高力士作于流放途中)

两京作斤卖,五溪无人采。

夷夏虽有殊,气味终不改。

【赏析】此诗毫无文采,常人写出来,定会遭人笑话,但是已是71岁高龄的高力士在流放途中作此绝句,却句句都透着凄凉劲儿和忠诚味儿,让人读着心里不是滋味。据《新唐书本传》:"力士行前曰:臣当死已久,天子哀怜至今。愿一见陛下颜色,死不恨。'李辅国不许。"遂开始了他那一去不复返的悲壮旅程。借物明志,表现了纵有沧桑巨变,而不改本色的高尚操守。后人亦有诗云:"列戟依稀旧闲闼,中涓声势傲公卿。殿头雅有天人望,乡曲犹传骠骑名。何处珍楼还突兀,于今香树几枯荣。野花开遍闲朱紫,不及巫州荠菜生。""夜深吟《咏荠》,掩卷泪满裳。"荠是一种野菜,很多南方人喜欢用它包馄饨吃,估计如今的年轻人都不认得这种小东西。在开元盛世,吃野菜的有两种人,一种是穷人,一种是富人,穷人吃它为了果腹,富人吃它为了换口味。所以,在富者云集的长安城,荠菜论斤卖,而在人少地广的农村遍地都有,需者自掘。高力士在诗中自喻为荠,相当贴切:他在长安很高贵,而在流放地巫州却无人理睬。即便如此,他的忠心却有如荠菜那样"气味终不改",他的心时时向着玄宗、肃宗和大唐的天下。所以,他的死也相当悲壮:"高力士遇赦还,至郎州,闻上皇崩,号恸,呕血而卒。"民间传说更加绘声绘色,说高力士听到玄宗死亡的消息后,恸哭不已,绝食七天,最后呕血而亡。

张承业

——一心复国,残唐忠魂

人物简介

张承业(846—923),字继元,唐末五代间宦官,他本姓康,是同州(今陕西大荔县)人,唐朝末年做宦官,后来被内常侍张泰收为养子,就改成了张承业这个名字。唐昭宗时出使晋,之后为晋王李克用所重用。李克用病故,张承业受命,辅助幼主李存勖。公元923年,李存勖欲即帝位,张承业力谏无效,后忧虑而死。

相关故事

张承业,唐僖宗至五代初年的宦官。原姓康,自幼被阉,当了内常侍张泰养子,后任河东监军。崔胤大杀宦官时,晋王李克用把他藏起来,得以幸免。事过后仍当监军。晋王临终把庄宗李存勖托付给他。

张承业保住了李存勖的地位后,自然而然成了河东的首功之臣,李存勖对他感激万分,异常尊敬,称他为"七哥",而且常到张承业的府第去看他,将他的母亲请出来跪拜。张承业虽然备受尊敬,但他对官职和富贵却看得很轻,有人提议给他加官晋爵,都被他拒绝了。他在用人方面也有值得称道的地方:幽州的刘守光被俘后,其属将冯道也来到太原,张承业最初任命冯道为巡官,很看重他的文章。有一个叫周玄豹的官员和冯道不和,对张承业说:"冯道这个人没什么前程,公最好不要重用他。"

管书记卢质则说冯道可以重用,不要听周玄豹的一面之词。张承业最终没有听信谗言,而是实事求是地将冯道提升了官职。

在柏乡之战时,后晋军已经逼近梁军大营,但周德威却怕李存勖冒险冲击,坚决要求他退守。李存勖很恼火,听不进去,回到帐中就躺下了。众将不敢再劝,都到张承业那里请他去解释。张承业就匆忙赶到李存勖的大帐,安抚并劝说他:"现在不是大王安睡的时候,周德威是员老将,洞察军事,作战都是考虑得很周全的,他的话不可不听啊。"李存勖翻身坐了起来,说:"我也正在想这个问题。"当天夜里,李存勖听从周德威的计划,退兵到高邑扎营,待机而动。这才有了柏乡大战的胜利。当初讨伐刘守光之前,周德威派张承业先去探察刘守光的虚实,张承业回来后,建议李存勖亲自领兵征讨,果然得胜而归。

张承业一直感激李克用对他的救命之恩,所以对李存勖竭尽全力辅佐。李存勖得到魏博后,将大本营移到了河北,和梁军在黄河两岸展开了长达10年的艰苦争夺。在这期间,李存勖将太原的一切军政事务全交给了张承业。张承业勤勤恳恳、鞠躬尽瘁,征兵买马支援前线,招抚流民生产务农,征集准备粮草充实军用,大大小小的事务都经由张承业之手,他将河东的后方治理得井井有条,让李存勖不但没有后顾之忧,专心对付后梁,而且还得到源源不断的兵源和粮草的支持。最后李存勖之所以能出奇兵灭掉后梁,张承业起了极其重要的作用。因此史书上才说"成是霸业者,承业之忠力也"。

张承业治理后方时,对所有的人都一视同仁。因为太原是宗室和大臣聚积之地,加上皇后、嫔妃等人,他们难免常向张承业提出一些不合理的要求。张承业铁面无私,一概回绝,他本人清廉为公,为了复兴唐朝的大业,不惜得罪这些王公大臣。对于敢于以身试法的,不论其身份是什么,都依法严惩,毫不姑息。时间一长,太原的政治清明起来,李存勖有了一个稳固团结的后方,这是他在梁晋对抗中最终获胜的基础。而当时的后梁内部却奸臣当道,矛盾重重,甚至影响到了军队统帅的撤换,与河东相比,后梁的败亡也是必然的了。

虽然如此,但一些对张承业不满的人还是趁李存勖回来的时候大进谗言诬陷他,说他专权跋扈,广收贿赂。李存勖本来就对张承业很信任,对这些话根本没往心里去。可他自己有时却亲自向张承业要钱,结果碰了钉子。

李存勖在回来看望母亲的时候,借机要钱,他在钱库中设酒宴招待张承业,席间让儿子为张承业起舞助兴,舞罢,张承业拿出自己的宝带、马和钱给李存勖的儿子。李存勖不高兴了,他指着堆积的钱说:"和哥(指他的儿子)没有钱花,七哥就给他这一堆吧。宝马并不是什么值钱的东西。"张承业道歉说:"郎君为我歌舞,承业已经拿出自己的俸禄钱还报。而这些却是大王国库之物,是要支援三军作战用的,我不敢用公物当私人礼物随便送人。"李存勖拉下脸来,趁着酒劲儿拿话责怪张承业。张承业说:"臣本来就是一个唐帝派来的使者而已,从不为子孙谋财,省钱都是为了大王的基业,大王如果要自己赏赐别人,对老夫也没什么,不过财尽兵散的时候,就一事无成了。"李存勖听了大怒,回头对侍从说:"给我去取宝剑来!"张承业拉住李存勖的衣角,流着泪说:"老奴受先王托孤之命,发誓为本朝效力诛杀梁贼,如果今天因为为大王节省国库财物而斩承业之首,那我死也无愧于先王了,请你杀我吧!"

晚年张承业

太后听说李存勖酒后行为不当,急忙派人来召他去。李存勖平时非常孝敬母亲,听说太后要他去,马上知道自己错了,赶紧给张承业磕头道歉:"我今天贪杯多喝了些酒,冒犯了七哥,太后一定会责怪我的,请七哥痛饮两杯酒,替我求情分点过失吧。"李存勖连饮四杯,然后劝张承业也喝,但张承业没有喝。李存勖回宫后,太后又派人转告张承业:"小儿冒犯张公,我已经责打他了,你可以回去了。"第二天,太后又领着李存勖去他的府上安慰他。

后来,李存勖在魏博因为受众将的劝说,想称帝登基。张承业本来辅佐李存勖也是为了最后灭掉后梁,复兴唐朝,见李存勖也要称帝,顾不得身体有病,让人抬着他到魏州去劝说李存勖,他对李存勖说:"大王父子血战三十余年,都是为国报仇,复兴唐室,现在梁贼未灭而民财快要用完了,如果再称帝,财力就将要耗尽,这是臣认为不能称帝的第一个原因;臣先前在宫中时,常见国家继位大礼要举办的时候,总是准备达一年之久才能完成。假如大王非要称帝,也不可违背制度,而礼乐现在还没有准备好,这是臣认为不可的第二个原因。凡做事要量力而行,不可听信他人的游说。"

李存勖见张承业老远赶来劝止,也不好说是自己的意思,只好说是众将的意思。张承业劝说半天,李存勖很难听进去。张承业见劝说无用,便对李存勖说了最后一句话:"诸侯血战是为李唐王朝,现在我王自取之,误老奴矣!"然后丧魂落魄般回到晋阳,忧郁成疾,不久病死,享年77岁。

相关评论

唐末宦官跋扈贪婪成风,张承业有此表现和政治目光,不愧为宦官中的佼佼者。对于已经走上末路的唐朝,张承业始终不忘复国之事,身为一名宦官,能保持如此的忠心,实在难得。

秦　翰

——飞骑猛将,汗马功劳

人物简介

秦翰(952—1015),字仲文,河北获鹿(今河北获鹿镇)人。他13岁入宫,开宝年间被擢为内侍高品,太平兴国四年(979年)以后,长期任职边关,南征北战,东荡西杀,先后负伤49次,为北宋王朝立下了汗马功劳,很受太宗、真宗的赏识信任,并一再被嘉奖提升。

秦翰像

相关故事

契丹是中国古代一个著名的游牧民族,很早时就生活在今西喇木伦河和老哈河一带。10世纪初,耶律阿保机建立了奴隶制的国家,国号契丹,后来改称辽。契丹建国后,不断向南扩张,占据了大片的地区,尤其是从后晋获得了大致相当于今晋北、冀北一带的燕云十六州。

太平兴国四年,宋太宗灭掉北汉,然后乘胜移师击辽,命崔彦进、宋渥等部四面攻打燕京城。这时,秦翰任崔部兵马都监。在宋军的猛攻下,燕京城人心惶惶,岌岌可危。

正在这时,辽名将耶律休哥赶到,双方大战于高梁河,宋军惨败。宋太宗在逃命途中,命崔彦进部屯守关南(不久改名为高阳关)。

没多久,辽为了报复宋朝,遣韩匡嗣、耶律沙、耶律休哥等进犯镇州。刚刚抵达满城,宋军就派人请降,韩匡嗣信以为真,欣然欲受。耶律休哥劝道:宋军士气极旺,必为诈降。但韩匡嗣听不进去。很快,宋将刘廷翰在正面的徐河摆好阵势,崔彦进、秦翰部则衔枚疾进,绕至敌后。接着,李汉琼、崔翰等部也及时赶到。于是,宋军前后夹击,猛冲猛打,将疏于戒备的辽军打了个措手不及,其投西山坑谷中死者不可胜计。

宋军追至遂城,取得了重大胜利。总计,杀敌万余,俘敌万余,获其将3名、马万余匹;此外,还有其他物品以十万计。韩匡嗣弃旗鼓而逃。这次战役使辽受到沉重的打击,也使得秦翰以英勇善战而闻名遐迩。宋太宗予以重赏,并称赞他可以委以重任。

北宋西边的对手主要是党项族所建立的西夏。党项族是羌族的一支,很早时就居住在今青海、甘肃一带。唐末,平夏部首领拓跋思恭率兵助唐镇压黄巢起义,被唐朝封为定难军节度使、封爵夏国公,并赐姓李氏,据有夏、银、绥、静、宥五州之地。

北宋建立后,宋太祖加封定难军节度使李彝兴为太尉,继续承认其地位。李彝兴贡马300匹,表示臣服。当传至其孙李继捧时,党项族内部分裂,贵族们相互争战,一片混乱。于是李继捧于982年来见宋帝,献其所管之地及民户50000余帐,并请求举家迁居开封。宋太宗欣然接受,派兵占领了夏、银、绥、宥四州,又派人护送继捧家族内徙。

李继捧的族弟李继迁不愿内徙,他诈称乳母出殡,率领数十万人马逃入夏州东北300里的地斤泽,抗宋自立。宋政府采取坚决镇压的政策,一度将继迁打得狼狈不堪。但是,李继迁很快就利用其家族在党项族中的威望,拉拢各部豪强势力,使自己的力量逐渐强大起来,而且与辽人结为同盟。在辽的支持下,李继迁大举攻宋,宋将无法遏制。

于是宋太宗赐李继捧姓赵名保忠,命他前去夏州抵御。继捧到夏州后,起初连连得手,并且射伤了李继迁。但是没过多久,李继迁就转败为胜,大举反攻。宋政府被迫授予继迁银州观察使称号,赐姓名赵保吉。李继捧则因连吃败仗、进退维谷而叛宋降辽。

李继迁与宋讲和后不久,便寻找借口大肆掳掠宋边,又发兵猛攻庆州、原州、灵州等地。更令宋朝统治者忧虑的是,李继迁与李继捧勾结起来,准备联合抗宋。因此,宋廷任命李继隆为河西都部署,秦翰为监军,率兵前去讨伐。

李继捧在夏州闻讯,十分不安,他一方面将家眷安排到城外安全的地方,另一方面上书宋太宗,说他与继迁愿同宋朝讲和,并献马50匹,请求罢兵。宋太宗闻奏,立即派人督促李继隆迅速推进。当大军进至延州(今陕西延安)时,秦翰担心李继捧逃跑或者顽抗,便乘驿马先行一步赶到夏州,矫诏安抚继捧以稳之。宋军临近时,秦翰又说服继捧以东道之礼出城迎接。于是,他们一起乘马出城。夜里,李继迁发动突然袭击,企图吞并继捧的人马。李继捧见势不妙,单骑逃回夏州,被指挥使赵光嗣关押起来。接着,赵光嗣打开城门,迎入李继隆。李继迁急忙逃走。

这次宋军能够顺利地占领夏州、俘获李继捧,使他未能像李继迁那样对北宋构成重大威胁,显然秦翰是立了一功的。因此,宋廷加封他为崇仪副使。

此后几年,秦翰一直在西边。鉴于这一带一向缺少一道可资防御的屏障,以致敌人可以经常深入骚扰的教训,他决定在要害地段开凿一条巨大的壕沟。秦翰担心延误农时,增加百姓的负担,就只使用士兵劳作。经过数年的努力,终于大功告成,共计用工30万人。这为后来宋军的戍边提供了很好的条件。秦翰因功升迁为皇城使、入内都知。

皇城使，是皇城司的主官，由皇帝的亲信担任，主要职责是拱卫皇宫，以及周流民间，刺探臣民动静，地位十分重要。宋代实行以官寄禄之法，皇城使多数情况下仅为武官的升转之阶，并无实掌。真正负责本司事务的官员，一般以内侍都知、押班等充任。由于秦翰长期忠心守边，劳苦功高，宋真宗特意授之入内都知以示特别宠信。秦翰上表辞让，真宗坚决不许。

大中祥符三年（1010年），宋真宗准备到汾阴（今山西万荣西南）祭祀后土，命参知政事王旦、签署枢密院事陈尧叟前去安排。不久，又命秦翰参与其事。次年正月，真宗起驾前往汾阴，命秦翰主管御厨、翰林、仪鸾等，"凡行在诸司细务，番得裁决，不须中覆（请示）"。在此期间，夏州有人骚扰宋边，宋真宗立刻派秦翰前去处理，顺便遍巡边部，秦翰尚未到，事件即告平息。他任务完成，旋即赶回，继续负责赴夏州前所管的事情，直到4月事毕回京为止，两年后，宋真宗计划到亳州朝拜太清宫，命秦翰等为行宫使，所掌一如祀汾阴时。

大中祥符八年，4月23日夜，荣王元俨宫失火。当时北风正急，风助火势，火借风威，顷刻间就蔓延开来，内藏左藏库、乾元殿、乾元门、崇文院、秘阁等处也先后被烧着。直到次日中午，大火才被扑灭。宋真宗当即命参知政事丁谓领衔，秦翰、曹玮等人具体负责，修葺大内。

这一年闰6月，当秦翰正在指挥修葺工程时，不幸突发暴病，死于宫内的官署中，终年64岁。消息传出，禁军中有不少人为之泣不成声。宋真宗也潸然泪下，不胜悼惜之至。他下令赠给秦翰贝州观察使之职，葬礼加等。大内修葺完毕后，又遣使以袭衣、金带赐秦家，以示对秦翰的怀念和奖赏。

大中祥符九年，重赐秦翰澎国军节度使之职，并且诏命翰林学士、著名文学家杨亿撰写墓志铭。杨亿因为秦翰乐善好施，家无余财，上表拒收秦家的酬资，虽未得到朝廷同意，而时人皆赞之，可见秦翰声望之隆。

相关评论

秦翰可以说是宋代宦官中在军事方面最杰出的人才，即使与一般的将帅相比,他也是相当出色的。历代宦官中参与军事活动的并不少,但像秦翰这样有勇有谋,49次受伤,在捍卫边境中屡立大功,而不居功、不揽权、不谋私利的,实不多见。

郑　和

——七下西洋,弘扬国威

人物简介

郑和出生于明洪武四年(1371年),原名:马三宝。洪武十三年(1381年)冬,明朝军队进攻云南。马三保10岁,被掳入明营,被阉割成太监,之后进入朱棣的燕王府。在靖难之变中,马三保在河北郑州(在今河北任丘北,非河南郑州)为燕王朱棣立下战功。永乐二年(1404年),明成祖朱棣认为马姓不能登三宝殿,因此在南京御书"郑"字赐马三保郑姓,改名为和,任为内官监太监,官至四品,地位仅次于司礼监。宣德六年(1431年)钦封郑和为三保太监。

郑和像

相关故事

和平处理冲突

永乐四年(1405年)6月,郑和第一次下西洋,顺风南下,到达爪哇岛上的麻喏八歇国。爪哇是今印度尼西亚爪哇岛,为南洋要冲,人口稠密,物产丰富,商业发达。

当时,这个国家的东王、西王正在打内战。东王战败,其属地被西王的军队占领。郑和船队的人员上岸到集市上做生意,被占领军误认为是来援助东王的,被西王误杀,计170人。郑和部下的军官纷纷请战,说将士的血不能白流,急于向麻喏八歇国进行宣战,给以报复。

"爪哇事件"发生后,西王十分惧怕,派使者谢罪,要赔偿 60000 两黄金以赎罪。郑和第一次下西洋就出师不利,而且又无辜损失了170 名将士,按常情必然会引发一场大规模战斗。然而,郑和得知这是一场误杀,又鉴于西王诚惶诚恐,请罪受罚,于是禀明皇朝,化干戈为玉帛,和平处理这一事件。明王朝决定放弃对麻喏八歇国的赔偿要求,西王知道这件事后,十分感动,两国从此和睦相处。

郑和下西洋

爪哇岛三宝垄纪念郑和 600 周年活动组委会成员向记者谈及此事,都十分敬佩,说郑和对各国不论强弱亲疏,平等对待,一视同仁,即使两国发生冲突,仍能保持极大的克制,委曲求全,以理服人,表现出对邻国的和平共处,睦邻友好,使中国和印尼两国人民的传统友谊源远流长,他们定居在这里也感到脸上有光,他们以郑和为骄傲。

印尼的学者认为,郑和舰队是当时世界上最强大的海上特混舰队。而郑和七下西洋的 28 年中,真正意义上的对外战争仅有锡兰(今斯里兰卡)一次,而且是在被迫无奈的情况下的防卫性作战。郑和在处理"爪哇事件"中,不但不动用武力,而且不要赔偿,充分体现了郑和是传播和平的使者,他传播的是"以和为贵"的中国传统礼仪,以及"四海一家""天下为公"的中华文明。

相关评论

郑和的功绩是辉煌的,属于中国,也属于世界。他从 30 多岁开始,前后 28 年献身海洋,最后一次下西洋时,已经 60 岁了,为了中外文化交往和航海事业,他毅然率领船队出使,这次他再没有回来,病逝在印度的古里,享年 62 岁,永远地长眠在他开辟的和平的道路上。

在群星璀璨的中华英杰中,郑和以先于西方人航海,胜于西方人的航海技术受到国际社会的关注。而人们关注和研究他的最主要层面,恐怕是郑和所代表的一种文化精神:一种中国人不畏艰险,征服自然的价值趋向，一种打开国门走向世界进行文化交流的决心。

郑和这种敬业献身报效国家的精神是永存的，凝聚着中华民族开放进取、和平友好、交流合作和敢为天下先的优秀品德，是一笔宝贵的精神财富，值得后人继承和弘扬，推进人类的文明。

相关链接

郑和铜钟

福建南平市文化馆收藏一口郑和在明宣德六年（1431年）祈保下西洋往返平安双龙纹铜钟，上有铭文："永远长生供养，祈保西洋往回平安，吉祥如意者。大明宣德六年岁次辛亥仲夏吉日，太监郑和、王景弘同官军人等，发心铸造铜钟一口。"

郑和群礁

为了纪念航海家郑和，南沙群岛中有一群礁名为郑和群礁，包括太平岛、鸿麻岛、舶兰礁、安达礁、南熏礁、郭谦沙洲。

中国航海日

经中华人民共和国国务院批准，自2005年起，每年的7月11日被定为中国的航海日，并规定全国所有船舶鸣笛挂彩旗，系取郑和首次下西洋之日期1405年7月11日。

600年后的这一天，对郑和下西洋的纪念达到了最高潮。中华人民共和国"郑和下西洋600周年纪念大会"在北京人民大会堂

郑和宝船

举行。中共中央政治局常委、国务院副总理黄菊和中共中央政治局常委李长春、中国交通部、外交部和其他部委、省市的负责人在会议上发言，郑和后裔代表、社会知名人士、专家学者、各界代表和一些国家的驻华使节、国际组织代表出席了这次会议。

这样大规模地纪念一个人，在新中国的历史上并不多见。

王承恩

—— 捐躯从主,御制旌忠

人物简介

王承恩(? —1644),明末宦官,属太监曹化淳名下,官至司礼秉笔太监,深得崇祯信任,北京被围时提督北京兵马。崇祯十七年,崇祯帝朱由检见大势已去,回天乏术,最后吊死在煤山(景山)山顶寿皇亭附近的歪斜的老槐树上。而王承恩也吊死于旁边的海棠树上。

相关故事

崇祯十七年,3月19日凌晨3时,京城为李自成的大军所破,绝望无助的崇祯帝仰天长啸,钦命周皇后、袁贵妃等妃嫔在坤宁宫自缢殉国,崇祯帝手持宝剑,亲手杀死昭仁公主,又剑伤长平公主,后宫中传出了撕心裂肺的哭喊声和令人战栗的哀号声……

崇祯帝披头散发、神情恍惚,在太监王承恩的陪伴之下跌跌撞撞地登上煤山(景山),面对满城的烽火硝烟,满目疮痍,崇祯帝无比悲愤地咬破手指,奋力留下血书遗诏:"朕凉德貌躬,上干天咎,致逆贼直逼京师,此皆诸臣误朕,朕死无面目见祖宗于地下。自去冠冕,以发覆面,任贼分裂朕尸,毋伤百姓一人。"

随后,崇祯帝朱由检怀着满腔的悲愤、孤独、寂寞与绝望,在王承恩的帮助之下吊死在煤山半山腰寿皇亭附近的歪脖老槐树上,时年35岁。

而王承恩以头撞地,血流如注,失声恸哭,对着帝王遗体行了三拜九叩的臣子之礼后,眼中噙满悲愤苍凉的两行热泪,义无反顾地吊死在老槐树旁边的海棠树上。

后来,闯王李自成领军进入紫禁城皇宫内苑,下令全城搜查,有"献帝者赏万金,封伯爵。匿者灭族"。

之后,崇祯帝的尸体在槐树上被投降的太监发现,崇祯帝和周皇后的遗体遂被运至东华门外停放,后被装进柳木棺内成殓。李自成命令明朝遗民将崇祯帝和周皇后的灵柩用牛车运到昌平，埋葬于十三陵田贵妃墓内，帝后与田贵妃合葬一处。为了怀念这位命运不幸的末代皇帝，后人取名为思陵。而王承恩作为皇帝的忠臣义仆，也被埋葬在思陵旁边，孤寂地陪伴着他地下的主公崇祯帝的枯骨，与之日夜为伴。

王承恩墓碑

清军入关后，具有诗人气质、多愁善感的青年皇帝顺治被王承恩忠君事主的事迹所深深地感动，下旨为王承恩树碑立传。据野史传说，顺治皇帝是嚼着眼泪亲笔为王承恩题写下了感人至深的祭文，碑首有"御制旌忠"四字。

相关评论

与刘瑾、魏忠贤相比，王承恩的殉葬光辉得多。在一个朝代即将覆亡、几十万人"解甲"的时候能够放弃苟且偷生的机会，坚定地选择了护佑君主、以死殉国，成了为大明朝悲情殉葬的忠贞烈士。这表现了强烈的忠贞性格，于是他的死充满了悲壮的意义。

寇连材

——以死进谏，义足千古

人物简介

寇连材(1868—1896)，是北京昌平人。出生在农村，为人耿直，也读过几年书。少年时就结了婚，生了3个孩子。由于人口多，家庭生活越来越贫困。他的父亲寇士通，为田界与财主打官司，结果丢了家里赖以糊口的土地。父亲悲愤难言，含恨死去。23岁的寇连材，接连遭祸，无法维持生计，只好跑到北京去寻找出路。经一个太监介绍，被阉后进了清朝皇宫,给慈禧太后梳头。由于他聪明能干,做事精细谨慎,颇得慈禧喜爱,待遇十分优厚。

晚清太监

相关故事

当时,光绪名义上是清朝皇帝,实际上处处受到慈禧控制,成了名副其实的傀儡。慈禧对寇连材十分信任,派他到光绪那儿当差,侍奉皇上。实际要他监视光绪的言论行动,以便及时禀报。寇连材从小就有正义感,对慈禧大权独揽、卖国求荣的可耻行为很不满意,同情光绪的不幸处境,支持光绪希望维新变法、图强求富、救民于水火的想法。所以,他不仅不把光绪的言行密报慈禧,反而常将慈禧胡作非为的事情告诉光绪。后来,寇连材又奉命回到慈禧的身边当差。每当看到慈禧的种种丑恶行为,心中更加不满,几次向慈禧劝谏,都遭到呵斥,这使他更加忧心如焚。

在中日甲午战争中,清军连连败绩,慈禧卑躬屈膝,竟然与日本在1895年签订了丧权辱国的《马关条约》,中国的主权进一步落到了日本侵略者手里。康有为、梁启超发起"公车上书",反对将台湾、澎湖割让给日本,提倡变法维新,得到光绪皇帝支持。以慈禧为首的顽固保守派却不肯刷新政治,一味搜刮和向外国举债,以交付赔款来供个人享乐,置国家与人民于水火之中。寇连材进一步看清了慈禧的嘴脸,忧患着民族的危亡。强烈的爱国心驱使着他下定决心,以死向慈禧进谏。

光绪二十二年(1896年),2月10日的早上,他跪在慈禧的床前,痛哭涕泣。正在做着美梦的西太后,被哭声惊醒,怒容满面,厉颜喝问:"哭的是哪门子的丧?"寇连材流着泪说:"国家已如此危险,老佛爷即使不替祖宗打算,也该为自己想想,怎么还忍心玩耍,不怕发生变乱呢?"慈禧以为他在胡言乱语,一顿臭骂,将他赶了出去。

口谏不成,寇连材下决心书谏。他请了5天假,回到家乡与亲人们诀别,并拿出记事册一本,交给弟弟保存。回到宫里后,他把平时的积蓄都分给了小太监们。在 2 月 15 日，他把早已写好的奏折交给慈禧太后。这个奏折共有 10 条内容，其中包括：请太后不要独揽大权，归政于光绪；不要修圆明园，幽禁光绪；要顾及京师特大水灾，立即停止擅自动用海军军费去修建颐和园；赎回被日本占领的台湾，宁可赔款，不可割地；不宜去掉忠直之臣而专用阿谀奉承之人；皇帝没有后嗣，请择天下之贤者立为皇太子等。这些内容，字字饱蘸血泪，条条切中时弊，充满忧国忧民之情，都是当时许多人决不敢说的话。寇连材居然写进奏折，直接送给慈禧，可见他抱定了一死的决心。

慈禧看过奏折，暴跳如雷，一连声地呼叫着，把寇连材抓来审问。慈禧起先怀疑奏折是寇连材受别人指使写的。寇连材光明磊落地说是自己写的，与别人无关。慈禧还不相信，叫他口述一遍。寇连材开口直言，果然从头至尾地说得一字不差。慈禧没有想到寇连材会写出这样一个指责自己的折子，不禁怒火中烧，以"内监言事者斩"的朝例，加上"私通宫外，泄露宫内事"的罪名，下令把寇连材送交刑部，立即正法。

2 月 17 日，寇连材被押到北京菜市口刑场处决。临刑前，他神色镇静，整好衣冠，朝宫殿拜了 9 拜，又向远方的父母叩了头，坦然地说："如此足千古了!"围观的群众无不为寇连材爱国忧民、舍生就义的壮烈行为所感动。

相关评论

寇连材为生活所迫，净身进宫，成为世人瞧不起的"阉竖"。他位卑未敢忘忧国，以坚不可摧的爱国忧民的意志，去抗争腐朽的封建势力，闪现出热爱家国的人生亮点。

忠义红颜

西 施

——以身许国的绝代美人

人物简介

西施本名施夷光,春秋末期出生于绍兴诸暨苎萝村。天生丽质,是美的化身和代名词。"闭月羞花之貌,沉鱼落雁之容"中的"沉鱼",讲的就是西施浣纱的经典传说。西施与王昭君、貂蝉、杨玉环并称为中国古代四大美女,并居首位。西施也与南威并称"威施",均是美女的代称。

西施玉像

相关故事

西施入吴

西施,名夷光,春秋时期越国人,出生于浙江诸暨苎萝村。同范蠡同卒于陶(定陶)。西施是中国古代四大美人之一,又称西子。她天生丽质,禀赋绝伦,相传连皱眉抚胸的病态,亦为邻女所仿,故有众所周知的"东施效颦"的典故。

越王勾践三年(公元前494年),夫差在夫椒(今江苏省吴县西南)击败越国,越王勾践退守会稽山(今浙江省绍兴南),受吴军围攻,被迫向吴国求和,勾践入吴为质。从此越王勾践卧薪尝胆,谋求复国。释归后,勾践针对吴王淫而好色的弱点,与范蠡设计了一条美人计。在国难当头之际,西施忍辱负重,以身救国,与郑旦一起被越王勾践献给吴王夫差。

越王宠爱的一个宫女认为:"真正的美人必须具备三个条件:一是美貌,二是善歌舞,三是体态。"西施只具备了第一个条件,还缺乏其他两个条件。于是,越王花了三年时间,教以歌舞、步履、礼仪等。

为了帮助越王早日复国,西施发奋苦练,在悠扬的乐曲中,翩跹起舞,婀娜迷人。进而训练礼节,由一位浣纱女成为修养有素的宫女,举手投足间,均显出体态美,待人接物,十分得体。然后,越王又给她制作华丽适体的宫装,方进献吴王。

浣纱图

吴王夫差见了西施大喜,在姑苏建造春宵宫,筑大池,池中设青龙舟,日与西施为水戏,又为西施建造了表演歌舞和欢宴的馆娃阁、灵馆等,西施擅长跳"响屐舞",夫差又专门为她筑"响屐廊",用数以百计的大缸,上铺木板,西施穿木屐起舞,裙系小铃,旋转起来,铃声和大缸的回响声,"铮铮嗒嗒"交织在一起,使夫差如醉如痴,沉湎女色,不理朝政。后吴国终被勾践所灭。

西施与珍珠

珍珠被人类利用已有数千年的历史,传说她是西施的化身。

西施本是月宫中嫦娥的掌上明珠,她奉玉帝之命,下凡来拯救吴越两国黎民百姓脱离连年战乱之苦,珍珠便是她的化身。

原来嫦娥仙子有一颗闪闪发光的大明珠,十分逗人喜爱,常常捧在掌中把玩,平时则命五彩金鸡日夜守护,唯恐丢失。而金鸡也久有把玩明珠的欲望,趁嫦娥不备,偷偷将明珠含在口中,躲到月宫的后面玩赏起来。它将明珠抛上抛下,煞是好玩。但一不小心,明珠从月宫滚落下来,直飞人间。金鸡大惊失色,为逃避责罚,也随之向人间追去。

嫦娥得知此消息后,急命玉兔追赶金鸡。玉兔穿过九天云彩,直追至浙江诸暨浦阳江边上空。正在这一天,浦阳江边山下一施姓农家之妻正在浦阳江边浣纱,忽见水中有颗光彩耀眼的明珠,忙伸手去捞,明珠却像长了翅膀似的径直飞入她的口中,并钻进腹内。施妻从此似有了身孕。

一晃16个月过去了,女子只觉得腹痛难忍,但就是不能分娩,急得她的丈夫跪地祷告上苍。忽一日,只见五彩金鸡从天而降,停在屋顶,顿时屋内珠光万道。恰在这时,只听"哇"的一声,施妻生下一个光华美丽的女孩,取名为夷光。故有"尝母浴帛于溪,明珠射体而孕"之说。

西施长大后,化解了吴越两国的仇怨之后,就化作珍珠留在人间,为黎民百姓的健康长寿、养颜美容继续做着贡献。自此诸暨变成了世代养殖珍珠之乡并且驰名中外,这一传说至今已有2500多年的历史。

相关评论

西施献身为国,迷惑吴王,为勾践的东山再起起了掩护作用,表现了一个爱国女子的高尚思想情操。

相关链接

古　迹

后人为纪念这位忍辱负重、以身许国的绝代佳人,就在诸暨修建了西施殿。唐开成年间(836—840),著名诗人李商隐曾写下"西子寻遗殿,昭君觅故村"的诗句。1986年,诸暨请中国美术学院傅维安教授在诸暨火车站创作西施塑像;同时,还刷新了浣江边王羲之所题的"浣纱"两字的摩崖石刻。

西施咏

王　维

艳色天下重,西施宁久微?

朝为越溪女,暮作吴宫妃。

贱日岂殊众,贵来方悟稀。

邀人傅脂粉,不自着罗衣。

君宠益娇态,君怜无是非。

当时浣纱伴,莫得同车归。

持谢邻家子,效颦安可希。

西　施

罗　隐

家国兴亡自有时,吴人何苦怨西施。

西施若解倾吴国,越国亡来又是谁?

虞　姬

——只追随心中的英雄

人物简介

　　虞姬(？—前202)，秦朝末年的著名女性人物之一，一说名虞妙弋，人称"虞美人"。今沭阳县颜集乡人。为西楚霸王项羽爱姬。据史料记载，虞姬是一个才貌双全的女子，不仅长得美丽，她的舞姿也是楚楚动人，还有她的剑，也同样挥舞得轻盈如水。

虞姬画像

相关故事

霸王别姬

　　虞姬跟随项羽征战多年，不但美貌聪明，因自幼读书习剑，很能理解丈夫的禀性，常为丈夫分忧解难，项羽也能听她劝解。

　　项羽中刘邦之计兵败垓下。大败而归的项羽，走进营帐，脸色铁青，虞姬从没见过丈夫打败仗，心中十分难受。但她竭力克制情绪，安慰大王。他们决定坚决守住营地，不再出击，只待汉军无粮自会退兵。可是他们绝没有料到，楚军的粮库早已被汉军烧毁，连粮道都被截断，三军没有粮草，军心动摇，怨声载道。

　　有的说："大王只会喝酒发火！"

　　有的说："大王忠奸不分，只会上当受骗！"

　　有的硬要拼杀出去，说总比待在这儿等死强。

　　项羽此刻在帐中，一筹莫展，虞姬忙为大王摆酒解闷散心。几杯酒喝下肚，帐外一阵阵西风吹起，树枝沙沙作响，似有无数冤魂哭泣，项羽叹道："此乃天亡我楚，非战之罪！"

虞姬听此话，预感不祥，见天色不早，便伺候丈夫早早脱衣安歇。她心里不踏实，提灯出帐巡视。

月色正明，更深人静，夜风中隐隐约约传过来一阵极为熟悉的歌声，歌声却是从对面刘邦军营中传出来的，唱的都是楚歌。难道霸王的楚地已被刘邦占领了吗？否则汉营中怎么会有人会唱楚歌，该不是刘邦征集楚地的楚国人充实了汉军？真令人忧虑重重。

汉军中传唱楚歌，正是韩信动摇楚军军心使用的计谋，他使人故意教给汉军唱楚人家乡的歌曲，熟悉的乡音惹起楚军儿郎思念父母，思念妻儿，思念家乡，也使他们误以为刘邦已占领了他们的家乡。而自己困守垓下，内无粮草，外无救兵，坐着等死，听着这些令人牵肠挂肚的乡音，于是楚军三三两两地开了小差，后来竟是整批溜走。

当晚，虞姬夜巡，才听见这些扰乱军心的楚歌，忙进帐唤醒大王一同出帐细听。大王听到了楚歌，不由惊道："敌军中多是楚人，定是刘邦已得楚地，孤无退路，大势去矣！唉！前者我项羽如何能取胜，因为各路英雄各自为战，孤家可以消灭一处，再占一处。如今各路人马聚集，一齐合力来攻我，你我困在垓下，兵少粮尽，万不能守。孤决心再与那贼子交战，此番胜败难定，妃子啊，看此情形，今天就是你我分别之日了。"

虞姬听此言，早已泣不成声。

帐外乌骓哀鸣，项羽出帐，爱抚着伴随自己出生入死的坐骑，乌骓眼睛含泪，静静地看着主人。虞姬强做欢颜劝慰丈夫："垓下之地高岗绝岩，易守难攻，只要我们按兵不动，候得机会，再图谋也还不迟。"

虞姬又把项羽劝进帐中，喝酒解闷。几杯酒下肚，项羽慷慨悲歌：

> 咳！想俺项羽乎！
>
> 力拔山兮气盖世，
>
> 时不利兮骓不逝，
>
> 骓不逝兮可奈何，
>
> 虞兮虞兮奈若何。

虞姬跟随项羽多年，从没见过丈夫如此深切悲凉地歌唱，自知与他

团聚的时日无多,便穿戴起华贵漂亮的衣饰,手持宝剑,边舞边歌:

> 劝君王饮酒听虞歌,
>
> 解君忧闷舞婆娑,
>
> 嬴秦无道把江山破,
>
> 英雄四路起干戈。
>
> 自古常言不欺我,
>
> 成败兴亡一刹那,
>
> 宽心饮酒宝帐坐!

项羽正饮酒消愁,忽然探子飞报:"大军压境,汉军分四路围攻。"

项羽立即披挂出帐,探子又报:"四面楚歌,八千子弟兵俱已散尽。"

项羽情知大势去矣! 他催促爱妃穿戴战袍,快快随他杀出重围,虞姬不愿拖累项羽,镇静地叮嘱丈夫:"此番出兵,倘有不利,且退往江东,再图后举,望大王自己多多保重。"

猛不防,虞姬抽出项羽腰上佩剑,自刎身死。

相关评论

清朝有位诗人以虞姬的口吻作诗一首:"君王意气尽江东,贱妾何堪入汉宫;碧血化为江边草,花开更比杜鹃红。"虞姬如此大义凛然、忠于爱情,人们至今传颂不已。

虞姬京剧形象

也有近代词人赞扬虞姬的诗词:"良辰美景奈何天,英雄末路美人怨。也持吴越薄钢刃,香魂血溅乌江岸。"赞美了虞姬忠烈的性格。

相关链接

颜集镇虞姬庙

明崇祯年间,虞姬故乡人民在颜集镇西首建立虞姬庙,以祭祀这位巾帼英烈。

清乾隆三十年,乡人吴九龄重建中殿、大殿,四十年重建后楼。光绪初,又经宿迁叶祥麟重修。庙貌巍峨,正殿供奉虞姬戎装塑像,显示家乡人民对虞姬的高度崇敬之情。

虞姬庙对联

民国期间,曾对虞姬庙进行修建。抗战期间,因兵燹失修而圮毁。园内虞姬墓前有石碑刻一副对联,颇为伤感:

上联:虞兮奈何,自古红颜多薄命,

下联:姬兮安在,独留青冢向黄昏。

横批:巾帼千秋。

王 昭 君

——远离故乡,只为和平

人物简介

王昭君,西汉南郡秭归(今湖北省兴山县)人。名嫱,字昭君,乳名皓月,中国古代四大美女之一的"落雁",晋朝时为避司马昭讳,又称"明妃"。汉元帝时期宫女,匈奴呼韩邪单于阏氏。昭君出塞的故事千古流传。

相关故事

昭君出塞

王昭君出生于长江三峡中一个叫秭归的普通民家。汉元帝建昭元年,下诏征集天下美女补充后宫,王昭君被选入宫。当时的皇帝汉元帝已经 40 多岁了,由于纵欲身体衰弱不堪。王昭君虽然是锦衣玉食,住的是绮窗朱户,但不过是笼中之鸟、池中之鱼而已。皇帝后宫佳丽三千,按理要轮到王昭君不知什么时候,而且即使轮到了又能怎样?王昭君可能也就这样湮没于后宫之中。但是一件外交上的事情改变了王昭君的一生。这事要先从汉朝时最大的敌人——匈奴说起。

王昭君像

汉宣帝时,匈奴发生内乱,五个单于分立,相互攻打不休。其中有一个呼韩邪单于,被别的单于打败,逃到汉朝来,亲自朝见汉宣帝。呼韩邪单于是第一个到中原来朝见的单于,汉宣帝亲自到长安郊外去迎接他,为他举行了盛大的宴会。呼韩邪单于在长安一住就是一个多月。等到他回去的时候,汉宣帝派了两个将军带领 10000 人护送他到漠南。这时候,匈奴正缺粮食,汉宣帝又送去了 34000 斛粮食。呼韩邪单于非常感激。西域各国看见汉朝对呼韩邪单于这么好,也都争先恐后地同汉朝打交道。

昭君出塞

汉宣帝驾崩后，他的儿子刘奭即位，也就是召王昭君入宫的汉元帝。此时呼韩邪单于跟汉朝的关系已经很好了。公元前33年，呼韩邪单于再一次来到长安，这次他提出了和亲的要求。"和亲"的建议原本是汉高祖时娄敬德提出的，当时的形势是匈奴强汉弱，吕后只有一女，不忍心将她远嫁番邦，因此和亲一直都是挑一个宗室的女儿假做公主嫁出去的。不过这回，汉元帝决定挑一个宫女给他。原因可能是汉元帝时已经是汉强匈奴弱，没必要一定挑皇亲国戚的女儿；而且，皇亲国戚的女儿们毕竟不多，宫女则多的是；再者，呼韩邪单于此时就在长安，让宗亲的女儿冒充公主，这么大的事情怎么可能瞒得过他。

话说，汉元帝派人到后宫传话，宫女们在皇宫犹如鸟儿在樊笼，都争着想出去，但一听是去荒漠遥远的匈奴，一个个的劲头顿时就没了。不甘心做白头宫女的王昭君毅然请命，自愿去匈奴。

王昭君抵达匈奴后，与呼韩邪单于非常恩爱，被封为"宁胡阏氏"，并为呼韩邪单于生下一子，取名伊督智牙师（也写作伊屠牙斯），封为右日逐王。婚后3年，即公元前31年，呼韩邪单于逝世。

大阏氏的长子雕陶莫皋继承了单于的职位。依照匈奴的礼俗，王昭君成了雕陶莫皋的妻子。年轻的单于对王昭君更加怜爱，夫妻生活亦十分恩爱甜蜜，接连生下了两个女儿，长女叫云，次女叫当，后来分别嫁给了匈奴贵族。

雕陶莫皋与王昭君过了11年的夫妻生活而去世，这时是汉成帝鸿嘉元年，王昭君已经32岁，正是绚烂的盛年，不必再有婚姻的绊系，于是她好整以暇地参与匈奴的政治活动，对于匈奴与汉廷的友好关系，着实产生了不少沟通与调和

青冢

的作用!

昭君出塞后,汉匈两族团结和睦,国泰民安,"边城晏闭,牛马布野,三世无犬吠之警,黎庶忘干戈之役",展现出欣欣向荣的和平景象。王昭君去世后,厚葬于今呼和浩特市南郊,墓依大青山,傍黄河水;后人称之为"青冢";到了晋朝,为避晋太祖司马昭的讳,改称明君,史称"明妃"。

相关评论

王昭君的历史功绩,不仅仅是她主动出塞和亲,更主要的是她出塞之后,使汉朝与匈奴和好,边塞的烽烟熄灭了50年,增强了汉族与匈奴民族之间的民族团结,是符合汉族和匈奴族人民的利益的。她与她的子女后孙以及姻亲们对胡汉两族人民的和睦亲善与经济文化交流做出了巨大贡献,因此,她得到历史的好评。

元代诗人赵介认为王昭君的功劳,不亚于汉朝名将霍去病。昭君的故事,成为我国历史上流传不衰的民族团结的佳话。

相关链接

王嫱报汉元帝书

臣妾幸得备身禁脔,谓身依日月,死有余芳。而失意丹青,远窜异域,诚得捐躯报主,何敢自怜?独惜国家黜涉,移于贱工,南望汉关徒增怆结耳。有父有弟,惟陛下幸少怜之。

怨　词

秋木萋萋,其叶萎黄,有鸟处山,集于苞桑。

养育毛羽,形容生光,既得行云,上游曲房。

离宫绝旷,身体摧藏,志念没沉,不得颉颃。

虽得委禽,心有徊惶,我独伊何,来往变常。

翩翩之燕,远集西羌,高山峨峨,河水泱泱。

父兮母兮,进阻且长,呜呼哀哉! 忧心恻伤。

冯婕妤

——古代最勇敢的妃子

人物简介

婕妤挡熊图

汉元帝的冯婕妤(？—前6)，名媛，上党潞县(今山西省潞安)人，是左将军执金吾冯奉世的女儿。冯奉世是一位名将，曾率军击退了匈奴的进攻，平定西域。公元前47年，冯媛应召入宫，始为长使，数月后晋为美人。前42年，生皇子刘兴，晋封婕妤。冯媛的父亲冯奉世拔为右将军光禄勋，她的哥哥冯野王为左冯翊。冯婕妤的孙子刘衎是后来的汉平帝。

相关故事

挺身挡熊

且说汉元帝后宫，除王皇后外，要算冯、傅两人最受宠幸。傅昭仪外，便是冯婕妤最为得宠。冯婕妤的家世与傅昭仪贵贱不同，乃父就是光禄大夫冯奉世。冯婕妤系奉世长女，由元帝纳入后宫，生子名兴，得拜婕妤，受宠与傅昭仪相似。

永光六年，改元建昭。好容易到了冬令，元帝病体已痊，满怀高兴，挈着后宫妃嫱，亲至长杨宫校猎，文武百官，一律从行。既至猎场，元帝在场外高坐，左有傅昭仪，右有冯婕妤，此外如六宫美人，不可胜述。文官远远站立，武官多去猎射，约莫有三五时辰，捕得许多飞禽走兽，俱至御前报功。元帝大悦，传谕嘉奖。

到了午后，还是余兴未尽，更至虎圈前面，看视斗兽，傅昭仪、冯婕妤等当然随着。那虎圈中的各种野兽，本来是各归各栅，不相连合，一经汇集，种类不同，立即咆哮跳跃，互相蛮触。正在爪牙杂沓、迷眩众目的时候，忽有一只野熊，跃出虎圈，竟向御座前奔来。御座外面，有槛拦住，熊把前两爪攀住槛上，意欲耸身跳出。吓得御座旁边的妃嫔媵嫱，魂魄飞扬，争相往后面窜逸。傅昭仪亦逃命要紧，飞动金莲，乱曳翠裾，半倾半跌地跑往他处。只有冯婕妤并不慌忙，反而挺身向前，挡熊立住。却是奇突！元帝不觉大惊，正要呼她奔避，却值武士趋近，各持兵器，把熊格死。

冯婕妤花容如旧，徐步引退，元帝顾问道："猛兽前来，人皆惊避，汝为何反向前立住？"冯婕妤答道："妾闻猛兽攫人，得人便止。意恐熊至御座，侵犯陛下，故情愿拼生挡熊，免得陛下受惊。"元帝听了，赞叹不已。

此时傅昭仪等已经返身趋集，听着冯婕妤的答议，多半惊服，只有傅昭仪不免怀惭。元帝就拜冯婕妤为昭仪，封婕妤子兴为信都王。

相关评论

"挡熊"一事在唐诗中多有提到，跟班婕妤"让辇"并称后妃的美德。面对那么凶猛的野熊，一个弱女子在瞬间做出如此果断的决定，并且及时采取行动。实在太勇敢了！也许是她对丈夫的爱太强烈了，如果不说是爱情的力量，至少是保护丈夫的责任感使她如此不顾一切，奋勇上前。

相关链接

冯婕妤

李东阳

圈门昼开熊不守，婕妤当前众嫔走。

荷君光宠捍君危，不然安用贱妾为。

君身如山妾如叶,君有不虞安置妾。

亦知仓卒非贾恩,恩多妒深翻在睫。

冯婕妤,昔非勇,今非怯,披庭佞儿何喋喋!

绿　珠

——不屈权贵,落花犹似坠楼人

人物简介

绿珠(? —300),今广西博白县双凤镇绿罗村人,生双角山下,西晋石崇宠妾。绿珠是中国古代著名美女,在石崇的悲剧中扮演着重要角色。

相关故事

绿珠,传说原姓梁,绝艳的姿容世所罕见。古时越地民俗以珠为上宝,生女称为珠娘,生男称作珠儿。绿珠的名字由此而来。石崇为交趾采访使,以珍珠十斛得到了绿珠。亦有一种说法,因为石崇以珍珠买下她,所以名珠。

绿珠善吹笛,又善舞《明君》,明君就是指汉元帝时的王昭君。石崇让绿珠吹奏此曲,她又自制新歌:"我本良家女,将适单于庭。辞别未及终,前驱已抗旌。仆御涕流离,猿马悲且鸣。哀郁伤五内,涕泣沾珠缨。行行日已远,遂造匈奴城。延

绿珠像

我于穹庐,加我阏氏名。殊类非所安,虽贵非所荣。父子见凌辱,对之惭且惊。杀身良不易,默默以苟生。苟生亦何聊,积思常愤盈。愿假飞鸿翼,乘之以遐征。飞鸿不我顾,伫立以屏营。昔为匣中玉,今为粪土尘。朝华不足欢,甘与秋草屏。传语后世人,远嫁难为情。"词意凄凉婉转,其才情亦可见一斑。绿珠妩媚动人,又善解人意,恍若天仙下凡,尤以曲意

承欢，因而石崇在众多姬妾之中，唯独对绿珠别有宠爱。

石崇有别馆在河南金谷涧，凡远行的人都在此饯饮送别，因此号为"金谷园"。园随地势高低筑台凿池。园内清溪萦回，水声潺潺。石崇因山形水势，筑园建馆，挖湖开塘，周围几十里内，楼榭亭阁，高下错落，金谷水萦绕穿流其间，鸟鸣幽村，鱼跃荷塘。郦道元《水经注》谓其"清泉茂树，众果竹柏，药草蔽翳"。园内筑百丈高的崇绮楼，可"极目南天"，以慰绿珠的思乡之愁，里面装饰以珍珠、玛瑙、琥珀、犀角、象牙，可谓穷奢极欲。石崇和当时的名士左思、潘岳等24人曾结成诗社，号称"金谷二十四友"。每次宴客，必命绿珠出来歌舞侑酒，见者都忘失魂魄，因此绿珠之美名闻于天下。

绿珠坠楼

石崇在朝廷里投靠的是贾谧，他为逢迎贾谧无所不用其极，甚至贾谧出门，他站在路边，望车尘而拜，深为时人不齿。待后来贾谧被诛，石崇因为与贾谧同党被免官。当时赵王司马伦专权，石崇的外甥欧阳建与司马伦有仇。依附于赵王伦的孙秀暗慕绿珠，过去因石崇有权有势，他只能意淫一下而已。现在石崇一被免职，他便明目张胆地派人向石崇索取绿珠。那时石崇正在金谷园登凉台、临清水，与群妾饮宴，吹弹歌舞，极尽人间之乐，忽见孙秀差人来索取美人，石崇将其婢妾数十人叫出让使者挑选，这些婢妾都散发着兰麝的香气，穿着绚丽的锦绣，石崇说："随便选。"使者说："这些婢妾各个都艳绝无双，但小人受命索取绿珠，不知道哪一个是？"石崇勃然大怒："绿珠是我所爱，那是做不到的。"使者说："君侯博古通今，还请三思。"其实是暗示石崇今非昔比，应审时度势。石崇坚持不给。使者回报后孙秀大怒，劝赵王伦诛石崇。

赵王伦于是派兵杀石崇。石崇对绿珠叹息说："我现在因为你而获罪。"绿珠流泪说："愿效死于君前。"突然坠楼而死，石崇想拉却来不及拉住。

相关评论

后人凭吊绿珠的诗篇多不胜数：白居易的《洛中春感》中说："莫悲金谷园中月，莫叹天津桥上春。若学多情寻往事，人间何处不伤神。"杜牧的咏《金谷园》诗，更增添后人的无限唱叹："繁华事散逐香尘，流水无情草自春。日暮东风怨啼鸟，落花犹似坠楼人！"落花犹似坠楼人！人们以桂花的散落譬喻绿珠一跃而下的凄美留芳，并尊她为八月桂花花神。

绿珠故里

相关链接

咏绿珠

张志真

贞节堪比百丈高，不屈权贵守情操。

一缕香风魂归去，相伴九仙会琼瑶。

咏绿珠

汪 遵

大抵花颜最怕秋，南家歌歇北家愁。

从来几许如君貌，不肯如君坠玉楼。

秦良玉

——何必将军是丈夫

人物简介

秦良玉（1574—1648），汉族，字贞素。四川忠州（今属重庆忠县）人。明朝末期战功卓著的民族英雄、女将军、军事家、抗清名将。曾率"白杆兵"参加平播、援辽、平奢、勤王、抗清、讨逆（张献忠）诸役。累功至大明柱国光禄大夫、太子太保、太子太傅、少保、四川招讨使、中军都督府左都督、镇东将军、四川总兵官、忠贞侯、一品诰命夫人。死后南明朝廷追谥曰"忠贞"。她是我国古代唯一的一名正式被当朝皇帝册封的女将军。

相关故事

秦良玉，生于万历初年。由于其父秦葵乃明朝贡生出身，秦良玉自幼一直接受良好的儒家教育熏陶。忠臣烈士之义，感身报国之情，秦葵一直向子女传授不懈。身为知识分子，秦葵已经有预感大乱将至，常研习兵书，舞剑论兵。他对儿女一视同仁，让秦良玉与其兄秦邦屏、弟弟秦民屏一起读典籍，学骑射。可喜的是，比起兄弟来，秦良玉秉赋超群，文翰得风流，兵剑谙神韵，使得秦葵怃然叹息道："可惜孩儿你是女流，否则，日后定能封侯夺冠。"秦良玉慷慨朗言："倘使女儿得掌兵柄，应不输平阳公主（唐高祖李渊之女）和冼夫人（隋时岭南的少数民族首领）。"

秦良玉成人后，嫁与石柱土司马千乘。这位马土司虽是一方土酋，但其祖宗大有名望，乃汉朝"马革裹尸"的伏波将军马援。这真是郎才女貌，神仙眷侣，二人伉俪情深，夫唱妇随。

万历二十七年（1599 年），播州地区（今贵州遵义）的土司杨应龙造反。由于事起仓猝，贼寇连陷重庆、泸州等战略要地，进围成都。作为地方土司，马千乘以 3000 石柱兵从征，跟随明朝四川总督李化龙讨伐叛军。石柱兵皆持一种特制长矛，矛端呈钩状，矛尾有圆环，攀援山地险峻地形时，前后接应搭接，敏捷如猿。由于他们的矛杆皆以无漆的白杆制作，时人称之为"白杆兵"。依理，马千乘率兵3000 从官军，已经尽到了土司对中央朝廷的义务，

秦良玉像

但秦良玉为解国难，又统精卒 500 人，自备军粮马匹，与副将周国柱一起在邓坎（今重庆市南川区境内）扼守险地，持弓援剑杀贼。为此，明朝总督李化龙大为叹异，命人打造一面银牌赠与时年 26 岁的秦姑娘，上镌"女中丈夫"四个大字，以示表彰。

大功如此，秦良玉并未沾沾自喜，而是从不言功，夫妇二人仍回石柱

本分过活。

　　10多年后，万历四十一年（1613年），秦良玉丈夫马千乘死于政府狱中。《明史》记载说，石柱部民状告马千乘，明廷把他逮入云阳狱，不久马千乘病死狱中。但他真正的死因，其实是北京万历帝派来的监税太监丘乘云向石柱索取贿赂，马千乘自恃于朝廷有功，不予。这下可羞恼了丘公公，他指使手下捏造罪名，把马土司逮捕入狱，活活折磨至死，马千乘时年仅41岁。

　　一下子变成孤儿寡母，秦良玉含泪忍痛。她大义为重，殡敛丈夫后，未生出任何反叛不臣之心，反而代替丈夫任石柱土司，忠于职守。

　　万历四十四年（1616年），女真酋长努尔哈赤在赫图阿拉（今辽宁新宾县）建立"大金（后金）"，开始连连发动对明朝的进攻。两年后，萨尔浒一役（战场在今辽宁抚顺以东），明军惨败，诸营皆溃。自此之后，驻辽明军几乎是闻警即逃。

　　东北告急，在此大背景下，明廷在全国范围内征精兵援辽。秦良玉闻调，立派其兄秦邦屏与其弟秦民屏率数千精兵先行，她自己筹马集粮，保障后勤供应。为此，明廷授秦良玉三品官服。

　　沈阳之战中，秦氏兄弟率"白杆兵"率先渡过浑河，血战满洲兵，大战中杀满洲兵数千人，终于让一直战无不胜的八旗军知晓明军中还有这样勇悍的士兵，并长久为之胆寒。由于众寡悬殊，秦邦屏战死于阵中，秦民屏浴血突围而出，2000多白杆兵战死。但也正是由此开始，秦良玉手下的石柱"白杆兵"名闻天下。

　　得知兄长牺牲的消息后，秦良玉制作了1000多件冬衣，配送给远在

秦良玉戎装画像

辽地的石柱兵。然后，她自统3000精兵，直抵榆关布防（今山海关），控扼

满洲兵人关咽喉。明廷兵部尚书张鹤鸣为此专门上奏天启帝，追赠死难的秦邦屏都督佥事，立祠祭祀。不久，明廷又下诏加秦良玉二品官服，封诰褒奖。其弟秦邦屏不久也战死沙场。

崇祯三年（1630 年），皇太极攻榆关不入，便率 10 万八旗军绕道长城喜峰口入侵，攻陷遵化后，进抵北京城外，连克永平四城，明廷大震。

秦良玉得到十万火急的勤王诏书之后，即刻提兵赴难，星夜兼程，直抵宣武门外屯兵。当时，闻诏而至的各路勤王官军共 20 万有余，但都畏惧满洲兵的狠武，无人带头出战。秦良玉的"白杆兵"人数虽然仅有数千，但一直为满洲兵所忌惮。昔日浑河血战，让满洲兵们再也忘不了这些身材矮小手持超长锐矛的士兵。因此，"白杆兵"呐喊冲杀之际，满洲兵心自发怯，加上明军中又有孙承宗这样的老将作配合，最终迫使皇太极连弃滦州、永平、迁安、遵化四城，撤围而去（山海关未能攻下，也是满洲军撤兵原因，他们怕日后遭首尾截击）。

北京围解之后，崇祯帝大加感慨，特意在北京平台召见秦良玉，优诏褒奖，赏赐彩币羊酒，并赋诗四首以彰其功：

其一：学就西川八阵图，鸳鸯袖里握兵符。

由来巾帼甘心受，何必将军是丈夫。

其二：蜀锦征袍自裁成，桃花马上请长缨。

世间多少奇男子，谁肯沙场万里行！

其三：露宿风餐誓不辞，饮将鲜血代胭脂。

凯歌马上清平曲，不是昭君出塞时。

其四：凭将箕帚作螫弧，一派欢声动地呼。

试看他年麟阁上，丹青先画美人图。

（"凭将箕帚"后三字原文为"扫胡虏"，其玄孙马宗大在乾隆时为违祸，把原文三个字换去。）

观崇祯皇帝有生之年，享国日浅，遭逢多难，很少有闲情逸致吟诗作赋，除赠秦良玉诗外，仅有赠杨嗣昌的五绝诗传世。迢迢西南边陲一位女土司，竟能得皇帝面见赐诗，秦良玉当属古往今来第一人。

3 年多后,公元 1644 年,李自成攻入北京,崇祯帝上吊自杀。消息传来,深受明恩的秦良玉服孝痛哭,几次昏厥,哀动左右。张献忠所部此时尽陷楚地,又向四川杀来。秦良玉向当时的四川巡抚陈士奇呈献《全蜀形势图》,希望官军能增兵坚守蜀地 13 处险隘。陈士奇不予采纳。秦良玉不死心,又锥心泣血地向四川巡按刘之勃建议,刘巡按倒是同意她的计策,但他本人手中无兵可发。

张献忠农民军数十万长驱直犯夔州。秦良玉驰援,由于众寡悬殊,兵败而去。她的失败,标志着蜀地的沦陷。张献忠相继攻克万县、重庆、成都,并在当年年底称帝,建立"大西"政权。

张献忠占领蜀地,只有遵义、黎州及秦良玉的石柱地区未归于大西。慑于秦良玉威名,张献忠部无一兵一将敢入犯石柱。投降张献忠的明朝官员向各地土司送去"大西"政权印信,各地土司大多畏惧接受。秦良玉接到印信,马上当众毁之,慷慨言道:"吾兄弟二人皆死王事,吾以一孱妇蒙国恩二十年,今不幸至此地步,怎能以残余之年以事逆贼!石柱一地有敢从贼者,族诛之!"

巾帼英雄——秦良玉

不久,又有噩耗传来,秦良玉独子马祥麟先前被明廷征调到湖广御敌,战死于襄阳。死前,他给母亲写信道:"儿誓与襄阳共存亡,愿大人勿以儿安危为念!"见儿子绝笔血书,秦良玉泪如雨下,心如刀割,但她乃大义妇人,提笔在信纸上写道:"好!好!真吾儿!"秦氏、马氏二族,可称得上是二门忠烈,数年之间,死于国事者甚众。

清朝占据北京后,残余的南明政权相继有弘光、隆武、永历数帝,秦良玉皆与之保持联系。但山长水远,秦良玉本人年逾古稀,不可能再有较大作为。

1648 年,在西南颠沛流离的南明永历帝派人加封秦良玉为太子太傅,授四川招讨使。久卧病床的一代女豪杰,闻之瞿然而起,拜伏受诏,感泣道："老妇人朽骨余生,实先皇帝(崇祯)恩赐,定当负弩前驱,以报皇恩!"

可惜的是,几日之后,秦良玉就因病重抱恨而终。其孙马万年把奶奶葬于回龙山,墓碑题文可彰示这位女中丈夫不屈的民族气节和赫赫功勋："明上柱国光禄大夫镇守四川等处地方提督汉土官兵总兵官持镇东将军印中军都督府左都督太子太保忠贞侯贞素秦太君墓"。

相关评论

《明史·秦良玉本传》记载道："良玉为人饶胆智,善骑射,兼通词翰,仪度娴雅。而驭下严峻,每行军发令,戎伍肃然。所部号白杆兵,为远近所惮。"

秦良玉一生戎马40余年,足迹遍及长城内外、大江南北、云贵高原、四川盆地。秦良玉是中国历史上唯一单独载入《正史·将相列传》(非列女传)的巾帼英雄,唯一凭战功封侯的女将军,为数不多的文武双全女子。郭沫若曾撰文赞誉秦良玉："像她这样不怕死不爱钱的一位女将,在历史上毕竟是很少的。"北京宣武门四川营胡同就是她北上勤王屯兵遗址,门上刻"蜀女界伟人秦少保驻兵遗址"12个大字。

著名女作家谢冰莹教授说:秦良玉死了,他的哥哥邦屏、弟弟民屏、儿子祥麟、媳妇凤仪,都为国家壮烈牺牲了!她虽是一位出身儒门的闺秀,可是志安社稷,爱国忠君。她生在多事之秋的明朝,国内有土匪流寇的骚扰;国外有满骑倭奴的侵略,多少文武百官,士大夫将帅,没有不为自己的名利在明争暗斗的,有谁像秦良玉一样?一生的精神,都拿来放在安内攘外,剿贼御侮上面呢?她一生为国家奋斗,为民族牺牲,她没有过一天舒服快乐的日子,日夜在为战事筹划。一直到死,还念念不忘保卫她的家乡石柱,这种爱国保家的精神,不但使后世的人永远赞美,永远敬佩,更值得我们永远怀念,永远学习!

1908年,胡适也写道:"中国历史有个定鼎开基的黄帝、有个驱除胡虏的明太祖、有个孔子、有个岳飞、有个班超、有个玄奘,文学有李白、杜甫,女界有秦良玉、木兰,这都是我们国民天天所应该纪念着的。"

相关链接

根据重庆官方对秦良玉所遗留下来的衣物等遗物测定,其身高约1.86米左右。(据藏于重庆博物馆的秦良玉蓝缎平金绣蟒袍,此袍长171cm,袖长96.5cm)

秦良玉蓝缎平金绣蟒凤衫

秋 瑾

——跨马携枪,肯将巾帼易兜鍪

人物简介

鉴湖女侠——秋瑾

秋瑾(1875—1907),近代民主革命志士,原名秋闺瑾,字璇卿,号旦吾,乳名玉姑,东渡后改名瑾,字(或作别号)竞雄,自称“鉴湖女侠”,笔名秋千,曾用笔名白萍,祖籍浙江山阴(今绍兴),生于福建闽县(今福州)。其蔑视封建礼法,提倡男女平等,常以花木兰、秦良玉自喻,性豪侠,习文练武,喜男装。曾自费东渡日本留学。积极投身革命,先后参加过三合会、光复会、同盟会等革命组织,联络会党计划,响应萍浏醴起义。1907年,她与徐锡麟等组织光复军,拟于7月6日在浙江、安徽同时起义,事泄被捕。7月15日从容就义于绍兴轩亭口。

相关故事

秋家自曾祖起世代为官。父寿南,官湖南郴州直隶知州。嫡母单氏,萧山望族之后。秋瑾幼年随兄读书家塾,好文史,能诗词,15岁时跟表兄学会骑马击剑。

清光绪二十年(1894年),其父任湘乡县督销总办时,将秋瑾许配给今双峰县荷叶乡神冲王廷钧为妻。王廷钧在湘潭开设"义源当铺",秋瑾大部分时间住在湘潭,也常回到婆家。这年秋天,秋瑾第一次回到神冲,当着许多道喜的亲友朗诵自作的《杞人忧》:"幽燕烽火几时收,闻道中洋战未休。膝室空怀忧国恨,谁将巾帼易兜鍪",以表忧民忧国之心,受到当地人们的敬重。1897年6月生下儿子王沅德。

1904年5月,赴日本留学。同年秋,在上海创办《白话报》,倡导妇女解放,提倡男女平等,揭露清政府的腐败。10月间,参加冯自由等在横滨组织的"洪门天地会"。同时结识鲁迅、陶成章等人。1905年3月回国筹措学费,经陶成章介绍,在上海认识光复会会长蔡元培;回绍兴后结识徐锡麟。经陶、徐介绍加入光复会。7月,再次东渡日本,入东京青山实践女校学习;8月,在黄兴寓所会晤孙中山,经冯自由介绍加入同盟会,被推为评议部评议员和同盟会浙江主盟人。

年底,因反对日本文部省颁布《清国韩国留学生取缔规则》,率领同学回国。次年二月,由陶成章等辗转介绍,到湖州南浔镇浔溪女校任教。两个月后辞职去上海,与陈伯平、尹锐志等密商,准备组织江浙会党,发动武装起义。8月,在上海试制炸弹,不慎炸伤,险遭逮捕。同年冬,创办《中国女报》,宣传革命。

为策应同盟会发动的萍浏醴起义,回浙江联络会党。萍浏醴起义失败后,与徐锡麟共谋发动皖浙起义,由徐赴皖活动,自己主持浙江军事。

1907年年初,接任大通学堂督办,以大通学堂为立足点,往返沪杭,运动军学两界,同时又到金华、处州等地,联络龙华会、双龙会、平阳党等会党组织。研究整顿光复会组织办法,草拟光复会军制,撰写了《普告同胞檄》《光复军起义檄》等文告;对聚集在大通学堂的革命志士和会党头目进行军事训练。

是年夏,将浙江光复会会员与会党群众组成光复军,以"光复汉族,大振国权"八字为序,编为八军,推徐锡麟为统领,自任协领,约定安徽、浙江同时举义。安庆起义失败后,谢绝王金发等人要其暂时离开绍兴的劝告。7月13日在绍兴大通学堂被捕。面对敌人的威逼利诱和严刑拷打,仅写了"秋风秋雨愁煞人"七个大字以对。7月15日凌晨,秋瑾就义于绍兴城内古轩亭口。遗骸几经迁葬,后建墓于杭州西泠桥侧。

秋瑾1907年1月14日创刊

秋瑾工诗词,其作品宣传民主革命、妇女解放,笔调雄健,豪放悲壮,感情深沉。有《秋瑾集》。

1930年,于绍兴轩亭口建立了秋瑾烈士纪念碑,至今未变。

相关评论

对于为推翻满清专制帝制、创立民国而英勇献身的女中豪杰秋瑾,孙中山和宋庆龄都曾给予很高的评价。1912年12月9日孙中山致祭秋瑾墓,撰挽联:"江户矢丹忱,重君首赞同盟会。轩亭洒碧血,愧我今招侠女魂。"1916年8月16日至20日,孙中山、宋庆龄游杭州,赴秋瑾墓凭吊,孙中山称:"光复以前,浙人之首先入同盟会者秋女士也。今秋女士不再生,而'秋风秋雨愁煞人'之句,则传诵不忘。"

1942年7月,宋庆龄在《中国妇女争取自由的斗争》一文中称赞秋瑾烈士是"最崇高的革命烈士之一"。1958年9月2日,宋庆龄为《秋瑾烈士革命史迹》一书题名。

1979年8月,宋庆龄为绍兴秋瑾纪念馆题词:"秋瑾工诗文,有'秋风秋雨愁煞人'名句,能跨马携枪,曾东渡日本,志在革命,千秋万代传侠名。"

秋瑾烈士纪念碑 （碑文为蔡元培撰写）

第二部分　孝义佳话美名扬

孝义名士

虞　舜

——孝顺父母

中华民族有五千年悠久的历史,是四大文明古国之一。在这源远流长的历史长河中,无数古圣先贤以至德垂宪万世。在上古时代,有三位皇帝——尧、舜、禹非常著名,他们均因德行至大而受四方举荐登上帝位。这其中,大舜因至孝而感动天地,被尧帝选中为继承人,他的故事也被列为历代孝行故事之首。

尧帝16岁称帝治理天下。到86岁时,年纪大了,希望能找到一个合适的人继承帝位。于是他征求群臣的意见,没想到众位大臣异口同声地向他推荐一个乡下人——舜,因为此人是一个著名的孝子。从这里可以看出,我们的祖先把孝行放在德行的首位,一个孝顺父母的人,必定会爱护天下的百姓。

舜即位之后定国号为虞,历史上称他为虞舜。

虞舜,本姓姚,名重华。父亲叫瞽叟,是一个不明事理的人,很顽固,对舜相当不好。母亲非常贤良,但不幸在舜

虞舜像

小的时候就过世了。于是父亲再娶。后母是一个没有妇德之人。生了弟弟象以后,父亲偏爱后母和弟弟,三个人经常联合起来谋害舜。

舜对父母非常孝顺。即使在父亲、后母和弟弟都将他视为眼中钉,欲除之而后快的情况下,他仍然能恭敬地孝顺父母,友爱兄弟。他希望竭尽全力来使家庭温馨和睦,与他们共享天伦之乐。虽然这其中经历了种种的艰辛曲折,但他终其一生都在为这个目标不懈地努力。

小时候,他受到父母的责难,心中所想的第一个念头是:"定是我哪里做得不好,才会让他们生气!"于是他便更加细心地检省自己的言行,想办法让父母欢喜。如果受到弟弟无理的刁难,他不仅不介意,反而认为是自己没有做出好榜样,才让弟弟的德行有所缺失。他经常深切地自责,有时甚至跑到田间号啕大哭,自问为什么不能做到尽善尽美,得到父母的欢心。人们看到他小小年纪就能如此懂事孝顺,没有不深为感动的。

　　那时候尧帝正为传位的事情操心,听到四方大臣的举荐,知道舜淳朴宽厚、谦虚谨慎。但治理天下唯有德才兼备的人才能胜任。尧帝便把两个女儿——娥皇和女英嫁给他,并派了九位男子来辅佐他。希望由两个女儿来观察、考验他对内的行持;由九位男子来考验他对外立身处事的能力。

　　娥皇和女英明理贤惠,侍奉公婆至孝,操持家务农事也井然有序,不仅是舜的得力助手,也成全了舜始终不渝的孝心。有一次,瞽叟让舜上房修补屋顶。舜上去之后,想不到瞽叟就在下面放火。就在万分危险之时,只见舜两手各撑着一个大的竹笠,像大鹏鸟一样从房上从容不迫地跳下来,原来聪慧的妻子早已有所准备了。

　　又有一次,瞽叟命舜凿井。舜凿到井的深处,瞽叟和象想把舜埋在井里,就从上面往井里拼命倒土,以为这样舜就永远回不来了。没想到舜在二位夫人的安排下,早已在井的半腰凿了一个通道,从容地又躲过一劫。当象得意地以为舜的财产都归他所有时,猛然见到舜走了进来,大吃一惊,慌忙掩饰了一番,但舜并未露出愤怒的脸色,仿佛若无其事。此后侍奉父母,对待弟弟,愈加谨慎了。

　　舜初到历山耕种的时候,当地的农夫经常为了田地互相争夺。舜便率先礼让他人,尊老爱幼,用自己的德行来感化众人。果然,一年之后,这些农夫都大受感动,再也不互相争田争地了。

　　他曾到雷泽这个地方打鱼,年轻力壮的人,经常占据较好的位置,孤寡老弱的人就没办法打到鱼。舜看到这种情形,率先以身作则,把水深鱼多的地方让给老人家,自己则到浅滩去打鱼。由于一片真诚,没有丝毫勉强,令众人大为惭愧和感动,所以短短一年内,大家都互相礼让老人。

舜还曾经到过陶河的地方，此地土壤质量不佳，出产的陶器粗劣。令人惊讶的是，舜在此地治理一年后，连陶土的质量都变好了，所做出来的器皿相当优良。大家一致认为这是舜的德行感召的结果。后来，只要他所居之处，来者甚众，一年即成村落，两年成为县邑，三年就成为大城市。亦即史上所称的"一年成聚，二年成邑，三年成都"。

舜帝陵

尧帝得知舜的德行后，更加赞赏他。于是考验他的种种能力，舜也毫不畏惧地接受了诸多艰难的考验。一次，尧帝让舜进入山林川泽，考验他的应变能力，虽遇暴风雷雨，然而舜凭着智慧与毅力，安然无恙地回来了，他的勇敢镇定，使尧帝坚定了舜的德能足以治理天下的想法。

舜历经种种考验之后，尧帝并未马上将王位传给他，而是让他处理政事 20 年，代理摄政 8 年，28 年之后才正式把王位传给舜。足见古代的帝王对于王位的继承，确实是用心良苦，丝毫不敢大意。假如不能以仁治世，以德治国，国家就难以长治久安。

当舜继承王位时，并不感到特别地欢喜，反而伤感地说："即使我做到今天，父母依然不喜欢我，我作为天子、帝王又有什么用？"他的这一片至德的孝行，沥血丹心，莫不令闻者感同身受，潸然泪下！果然，皇天不负苦心人，舜的孝心孝行，终于感化了他的父母。

《孟子》云："舜何人也？予何人也？有为者，亦若是！"舜能做到孝顺，我们也能。因为我们天性中都有一颗至善、至敬、至仁、至慈的爱心。假如我们能以舜为榜样，真正尽到"孝亲顺亲"的本分，必能缔造幸福美满的家庭。继而，再将"孝"扩大到我们周遭所有的人、事、物，任何的冲突对立都会冰释消融。这至孝的大爱孕育出的是上下无怨、民用和睦的和谐社会。

愿我们都能以身作则，相互勉励，做一个真正的孝子。

颍考叔

——讲孝道感召庄公

颍考叔,春秋时郑国人(今河南新郑县一带),是郑庄公手下的一个管理疆界的官员。

郑庄公出生时脚先出来,他的母亲武姜氏因为这个特别讨厌他,而偏向他的弟弟共叔段,想立共叔段为国君,由于庄公的父亲武公不同意,还是庄公继了位。

庄公继位后,武姜氏千方百计帮着共叔段扩充势力,伺机夺权。庄公欲擒先纵,待时机成熟时,先发制人。在共叔段攻打京城前,一举打败共叔段于鄢地。共叔段逃亡到国外,妄想打开京城之门作内应的武姜氏被放逐到城颍(今河南临颍县西北)。郑庄公对其母发誓说:"不到黄泉,咱们不要再见面了。"过了一段时间,气消了之后,庄公又觉得自己也有些过分。武姜氏再不对,毕竟是自己的母亲呀,可话已经说出了嘴,又有什么办法呢。

颍考叔听到这件事后,找了个借口,见到了郑庄公。庄公招待他吃饭,席间庄公发现颍考叔把肉食都放到一边,从不动筷,就好奇地问:"你怎么不吃肉食呢?"颍考叔赶忙回答说:"小人不是不吃肉食,而是因为我上有老母。我们家的好东西她老人家都吃着了,但从来没有吃过国君您这样好的菜肴,请允许我把这些菜带回去给我老母尝尝。"郑庄公说:"你还有母亲,吃什么还可以想着她,给她带回去吃,我就没有这种福分了。"颍考叔明知故问地说:"我能问一下,您这话说的是什么意思吗?"庄公就把放逐母亲于城颍,并发誓不再相见的事说了一遍,在诉说时流露出悔恨的情感。颍考叔觉得时机已到,就开导他说:"您有什么可忧虑的呢?假如您深挖地,到有泉水处,打一个隧道,母子在隧道里相见,谁能说这不是在黄泉中相见呢?"庄公高兴地听从了颍考叔的话。

隧道打通了。庄公在进隧道时,十分激动,就赋诗一首,其中一句说:"大隧之中,其乐也融融。"武姜氏出了隧道以后,也感慨万端,懊悔不已,即赋诗一首,其中一句是:"大隧之外,其乐也泄泄(和乐融融)。"从此母子和好如初,就好像任何事情也没发生过一样。

颍考叔墓

《左传》的作者在评论这件事时说:颍考叔是一个有纯粹孝心的人,他对母亲的爱,感召了郑庄公。"孝子不匮,永赐尔类。"《诗经》里的这两句诗说的就是这种情况吧。

郯 子

——扮鹿取乳孝双亲

郯子,是春秋时期鲁国人。历史文献当中,有关他的记载,已经无法考证。但是有一点是可以确定的,就是郯子从小就十分孝顺他的双亲。他时刻想到父母生活的不便,时刻体恤父母的艰辛,是一个真正至孝之人。郯子的孝顺,给双亲的生活带来了无尽的快乐。

岁月一年年地度过,郯子逐渐长大成人。同时,父母也在渐渐变老,他们的两鬓慢慢地白了。俗话说,人生的四大苦事,莫过于生老病死。虽然是苦事,可又有哪一个人能够逃避得了呢?郯子深谙人生的苦短,他越发感觉到父母一生的不易,从而倍加珍惜与父母相处的每一时刻。

郯子扮鹿求鹿乳

但不幸的是,两位老人都害了眼病,几乎到了失明的边缘。内心的苦闷,令双亲陷入了对生活的绝望之中。父母终日地忧叹,加深了他们脸上的皱纹。生活好像变成了一潭死水。孝顺的郯子看在眼里,痛在心上,难道生养了自己的父母注定要在黑暗中度过余生吗?有什么办法能让父母的眼睛好起来呢?郯子平日一边安慰父母,一边加紧寻医问药,他要想尽一切办法解除父母的痛苦,使家庭恢复其乐融融的气氛。

郯子已经成了双亲活下来的唯一希望。在郯子的精心照顾下,双亲的心情恢复了不少,家里也出现了久违的欢笑声。一天,他们对郯子讲,常听别人说鹿乳可以治眼病,所以自己也很想试试到底能不能见效。郯子听后,记在心里。他一面让父母放心,一面盘算如何才能获得鹿乳。母鹿是不会轻易让别人采集乳汁的,郯子就决定乔装改扮,披上鹿皮,扮成一只小鹿,钻进深山寻找鹿乳。由于郯子的装扮非常逼真,还仿照小鹿的姿势和动作,所以当他进入到鹿群栖息的地方后,并没有惊动鹿群,也没有引起母鹿的怀疑。终于,他小心翼翼地取到了鹿乳。

内心的喜悦令郯子忘记脱去身上的装束,他一心想着双亲能尽快吃到鹿乳,于是手捧鹿乳疾步返回。但是,途中恰遇猎户,郯子逼真的装扮迷惑了猎人的眼睛。看到"猎物",猎人举箭就要射,这时郯子赶忙停下,站直身子,喊道:"请不要射我,我不是鹿。"猎人这才清楚地看到是一个人。他们很惊讶,上前问道:"你怎么一个人在这里?还扮成这个样子?"郯子解释说:"家中父母,双眼失明,听说鹿乳可以救治,我特意来这里找些回去。刚才的装束让你们误会了,这是我的错,让你们险些误伤了人,我以后不再这么做了。"猎户听后,不但没有责怪郯子,还为郯子的孝行所感动。他们还异口同声地称赞郯子是一个孝子,为了父母,可以冒着生命危险进入深山,其中的胆识和智慧的确令人佩服。

其实,纵观中华五千年文明史,真正称得上孝子的人,他们共同的特点就是始终把奉养父母摆在人生目标的第一位。奉养双亲是每一个为人子的应尽之责。

对父母的孝养不仅在于养父母的身体,更要养父母的心志,就如郯子扮鹿取鹿乳的故事告诉我们,自己所做的一切不仅是要满足父母的口体之需,更是要顺应双亲的心志,令父母宽心。《弟子规》上有言:"父母呼,应勿缓;父母命,行勿懒。"我们为人子女,只有真正落实经典的教导,以反哺之道,切身力行,才能成就自己的孝子之德,令父母心安。

卞庄子

卞庄子出生在春秋时代的鲁国卞邑，他不仅是一位英勇的壮士，而且还是一位德行很高的人。

没有出外做官的时候，卞庄子家住在卞桥东北十几里的蜂王山下。蜂王山上有一窝非常大的蜂群，它们经常成群地到窝外袭击人畜，人们惧怕蜂蜇，都不敢上山打柴、打猎。

一次，卞庄子的母亲得了重病，疾病折磨得老人饭吃不香，觉睡不着。母亲得病后，急坏了卞庄子，他天天伺候母亲，在病榻前喂水喂药，端屎端尿，从不厌烦。还想尽一切办法为母亲做好吃的。老人在卞庄子的精心照料下，病情减轻了许多。

一天，卞庄子到母亲床前问安："母亲，今天您想吃点什么？""娘的嘴总是觉得苦，想吃点甜的。"母亲有气无力地说。卞庄子为难了："方圆数里，只有蜂王山蜂巢里的蜜是甜的，别的食物都不甜，怎么办呢？"

"既是这样，我儿就不必发愁了！"母亲躺在床上安慰儿子说，"我只不过说说而已，其实不吃也行。"

卞庄子立即从母亲床前站起来说："娘，您放心，孩儿定给您割来蜂王山的蜂蜜，让您老人家吃到！"说罢，扭头就走了。

"不，孩子，你不能去啊！"母亲从床上伸出瘦骨嶙峋的手来制止儿子。"我听说，蜂王山的蜂可毒啦，你要被蜇坏的。"

卞庄子安慰说："母亲放心，孩儿晓得，我一定要弄来蜂蜜。"说完就背上筐子，拿起柴刀，不顾一切地向蜂王山冲去，荆条划破了他的手指和衣衫，他全然不顾。进了蜂王山，一个硕大的蜂巢附在山石上，群蜂铺天盖地向卞庄子袭来。卞庄子扑通跪倒在山坡上："尊敬的蜂王啊，请可怜可怜我病重的母亲吧，她想吃点蜂蜜。"

群蜂像是听懂了卞庄子的话似的，向四面八方飞散而去。卞庄子连连道谢："谢蜂王殿下赏蜜。"他从腰间拿出柴刀，从巨大的蜂房里割了一块蜜,然后离开了蜂巢。

卞庄子到家的时候,天已经黑了。母亲正惦记着儿子的安危,没想到他平安回来了。

卞庄子一进门就说:"娘,我去了蜂王山,向蜂王为您讨了蜜,您快吃点吧!"他用汤匙为母亲舀了一勺蜜,送到母亲嘴里,母亲吃在嘴里,甜在心里。蜂蜜滋补了母亲的身体,母亲的病渐渐好了。

卞庄子不顾危险为母亲割蜜的故事在泗水卞桥一带流传下来,他赢得了人们的尊敬。

老莱子

——彩衣娱亲

春秋时期,楚国有位隐士,名叫老莱子。这个老莱子非常孝顺父母,对父母体贴入微,千方百计讨父母的欢心。

为了让父母过得快乐,老莱子特地养了几只美丽善叫的鸟让父母玩耍。他自己也经常引逗鸟儿,让鸟儿发出动听的叫声。父亲听了很高兴,总是笑着说:"这鸟声真动听!"老莱子见父母脸上有笑容,心里非常高兴。

老莱子

老莱子其实也不小了,年过 70。一次,父母看着儿子的花白头发,叹气说:"连儿子都这么老了,我们在世的日子也不长了。"老莱子害怕父母担忧,想着法子让父母高兴。

他专门做了一套五彩斑斓的衣服,走路时也装着跳舞的样子,父母看了乐呵呵的。一天,他为父母取浆上堂,不小心跌了一跤。他害怕父母伤心,故意装着婴儿啼哭的声音,并在地上打滚。父母还真的以为老莱子是故意跌倒打滚的,见他老也爬不起来,笑着说:"莱子真好玩啊,快起来吧。"

后人就以"老莱衣"比喻对老人的孝顺。唐代诗人孟浩然曾作诗曰:"明朝拜嘉庆,须著老莱衣。"

彩衣娱亲

宋代苏舜钦在他的《老莱子》诗中也有："飒然双鬓白,尚服五彩衣。"

介子推

——背母上绵山

介子推像

介子推,春秋时代人。春秋时晋国的公子重耳因受晋惠公和骊姬的迫害,带着文臣武将狐毛、狐偃、赵衰、介子推等人逃难到临国,最后被秦穆公送回晋国,当了国君,就是晋文公。

晋文公在论功行赏时忘了一个人,就是介子推。介子推出身贫苦,他不做官,只好靠编织草鞋养活老母。

邻居张解见了,劝介子推找晋文公请赏,介子推只是笑了笑,什么话也没说。

介子推的老母看儿子编织草鞋养家糊口太辛苦了,也劝儿子说:"我儿跟重耳逃难多年,立有大功,为什么不找他谈谈,说不定能得到荣华富贵。不是比你编织草鞋强吗?"

介子推说:"主公当上国君,上顺天意,下合民心,我怎么能去争功夺利,我宁愿一辈子织草鞋来养活您。"

老母见儿子这样高洁,也就不再去难为介子推了。

过些时候,介子推跟母亲商量说:"我很爱附近的绵山,那里山清水秀,土地肥美,草丰林密,很适合隐居,我们到那里去吧!"

"我儿志趣高尚,就依你吧。"

收拾了简单的行装,介子推就背着母亲上路了。

张解甚觉不公,替介子推不平,就偷着写了一篇讽刺诗贴在朝门外。诗中写道:"蛟龙逃难,没有深潭可以躲藏,众蛇随它周游四方。蛟龙饥饿,一蛇割骨肉献上。蛟龙返回龙潭,众蛇住进新房。只有一条蛇没有住处,背着老母流落荒野,十分悲凉!"

手下人揭了诗文进宫献给晋文公。重耳看了,恍然大悟,惊叹道:"啊呀,我简直是老糊涂了,怎么把介子推给忘了呢?快,快把介子推给我找回来!"

宫人来到介子推原来住的地方,只见一把大锁锁着房门,只好回宫禀告实情。

晋文公听后令宫人把张解召到宫中,询问介子推的下落,并说:"能找到介子推,定有重赏。"

张解把介子推背母去绵山的经过对重耳讲了一遍,并答应领路到绵山。晋文公十分高兴,立即封张解为大夫。

张解做向导,晋文公带着文臣武将,率领着大队人马来到绵山脚下,打听介子推的下落。有个农民说:"前几天,一个汉子,背着他的老母进山去了。那汉子对他母亲照顾得可周到了,现在不知走到大山的什么地方了。"

晋文公的人马在山里找了好几天,也没见到介子推的踪影。手下有个人建议

介子推庙

说:"介子推最孝顺母亲,如果放火烧山林,他一定会背着母亲跑出来。"

重耳下令烧山,漫天大火一连烧了好几天。大火渐渐灭了,介子推始终没有出来。重耳派士兵搜山。只见介子推抱着母亲,烧死在一棵大树之下。

重耳见状，失声大哭。为了纪念介子推，便把绵山改名为"介休"，意思是介子推休息的地方。

介子推母子遇难的这一天，正是农历清明节前一天，后人在这一天禁止烟火，只吃冷食。北方人管这一天叫"寒食节"。

闵子骞

——单衣顺亲

闵子骞是春秋时期鲁国人，孔子的学生。

闵子骞从小生母就死了，父亲娶了后妻，成为他的继母。子骞年纪虽小，却孝顺父母。平时吃饭，他总是恭敬地把好饭菜端到父母面前，吃完饭后，他又抢着收拾桌子，洗刷碗筷。后来，继母接连生了两个弟弟，子骞的日子从此便不好过了。他像奴仆一样被使来唤去，白天要带弟弟玩耍，晚上要哄弟弟睡觉。继母稍不顺心，就又打又骂。

一个严寒的冬日，子骞给父亲赶车。大风夹着碎雪打来，把他冻得瑟瑟发抖，手上的缰绳老掉在地上。父亲呵斥他做事不专心，子骞一句话也不分辩。可冻僵的双手还是拉不住缰绳。父亲看看儿子身上穿的棉衣，觉得厚厚的，怎么会冷成这样？一定是儿子装的，没出息！父亲生气地一鞭子打了下去。棉衣当即裂

单衣顺亲图

开了一个大口子，一团团芦花露了出来，被风吹走了。父亲大吃一惊，怎么后妻竟干出这种事？他带着子骞驾车返回家去。再一看两个小儿子穿的都是棉花絮的新棉衣。父亲难过得掉下眼泪。他责备自己让儿子忍冻干活，憎恨后妻虐待子骞。他不顾后妻下跪磕头求饶，执意要将她赶出家门。

子骞泪如雨下，苦苦哀求父亲道："母亲在家，就我一个人受寒；母亲要是走了，三个孩子都要受冻，望父亲大人深思啊！"

父亲感到儿子的话在理，便将后妻留下来。继母见子骞以德报怨，很受感动，从此三个儿子一样对待。子骞长大后，孝名闻于天下。

孔子称赞说："闵子骞真是个孝子啊，他孝顺父母，友爱兄弟，让别人对他的父母兄弟都没有不好的闲话。"

孝子闵子骞

曾 参

——恪尽孝道

曾参，字子与，又称曾子。春秋末年鲁国南武城人。生于公元前505年，卒于公元前436年。曾参出身贫寒，一生经历坎坷，但终生讲求修身养性，主张"日三省身"。

曾子以孝出名，他不仅行为上恪守孝道，而且还有一套理论主张。他把孝分为三种：大孝尊亲，其次弗辱，其下能养。

曾子在孔子门下受业学习多年，已学有所成。那时，他家境贫寒，为了养活父母，他在离家很近的莒国出仕做小吏。虽然俸禄只有几斗米，但是他仍然十分欢喜，因为能用自己所得供养双亲。后来，他成了大名士，双亲也老了，他就不再外出谋官。当时，各国聘请他做相国，楚国委任他为令尹，晋国请他做上卿，都被他拒绝了。

父母亡故之后，曾子游历到楚国，做了大官，出门百乘相随，大队仪仗呼拥，高官厚禄，十分显赫。可曾子并不高兴。他常常面北哭泣，因为在他看来，官再高，禄再丰，父母已经亡故，无法再奉养双亲了。父母没能过着荣华富贵的日子，太可怜了。

曾子孝敬双亲，甚至到了愚孝的程度。

一天，曾子到他父亲的瓜地里去锄草。一不小心，把瓜苗锄掉了好几棵。曾子好心疼，自责自己的粗心。

这时，正赶上他父亲拄着棍子来薅草，一看见曾子把瓜苗锄掉好几棵，气不打一处来,不问青红皂白,举起大棍,照着曾子的脑袋打来。本来,曾子稍一侧身,棍子就不会落在曾子的头上的。但曾子想,自己错了,父亲打几下消消气,就没有躲闪,仍立在原地。因用力过猛,曾子被打倒在地,不省人事了。这下子可吓坏了父亲,后悔自己出手太重。老人连呼带叫,揉了半天,曾子才苏醒过来。

曾子像

为了不使父亲为自己担忧,曾子赶紧爬起来,好像没挨过打似的向父亲赔不是。并走进瓜棚,拿过琴来弹给父亲听,让父亲消气。

曾子不仅对父亲如此,就是对后母也是十分孝敬,甚至休了妻子以敬后母。

曾子的后母对他十分刻薄,一点恩义也没有,但曾子毫无怨言,像对父亲那样,孝顺备至。

有一次,他让妻子为母亲做藜羹,他的妻子一时粗心,没蒸熟就端了上去。曾子知道后,大为恼火,立刻写了休书,将妻子撵出门去。知情人都认为太过分了,责问他说:"妇人犯了七出之条,才能休掉;藜羹不熟,这样区区小事,你为什么要因此休妻呢?"

曾子说:"藜羹确实是件小事,但我叫她煮熟奉母,她竟然不听我的话。这样的人,如何可以留下她呢?"

然而曾子毕竟疼爱自己的妻子,为了珍惜夫妻感情,终身没有再娶。

原 谷

——背篓谏父

原谷是春秋时陈留一带人。他9岁时,祖父已经年老不能耕作了,父母厌恶祖父,商议将祖父丢弃荒郊野外。原谷听说后,跪在双亲面前求情,遭到斥责。

次日凌晨,父亲命原谷抬篓,把祖父丢弃荒野。在路上,原谷抬着篓子走在前面，一边走一边回头望望祖父。风烛残年的祖父坐在篓子里，神情黯淡，表情呆滞，注视着频频回头的孙子。

将老人抬到荒野后，父亲命原谷抛掉篓子回家。原谷不仅不抛掉篓子，反而把篓子紧紧地背在了身上。父亲不解地问："要这个破篓子干啥？"原谷一本正经地回答："等你年老了不能耕作时，我好用它把你也送到这里来。"

父亲听了当即怒斥他："小孩子，怎么能跟大人说这种话？"

原谷反驳道："儿子应当听从父亲的教诲。你能这样对待爷爷，我为什么就不能用同样的方法对待你呢？"

原谷的话使父亲大为震惊，继而羞愧难当。他跪倒在父亲面前哭求饶恕，带着愧色将老人抬回家中，精心赡养。

子 路

——古今至孝

子路是我国古代大教育家孔子的学生。他小的时候，家里很穷，经常缺米少面，全家人只能靠挖野菜度日。

有一年，家乡大旱，粮价飞涨，家里难于糊口。那时正当壮年的子路听说百里外有低价的粮食，立刻拿起钱和口袋飞奔出去。他最后往返两天两夜，竟然把七十多斤的粮食背回家。

仲由画像

子路的父母先后去世了，他哭着埋葬了他们。后来他游历了齐国，孔子对他的孝行大加赞赏，并主动收他做了弟子。子路在孔子门下学习后，以他的忠诚和孝敬、智慧和勇敢赢得了极高的威望。他跟随孔子游学到楚国后，楚王亲自迎接，其仪仗之整齐，规模之盛大，礼节之隆重，不亚于迎接一位小国的国君。

楚王给子路的待遇非常之高，出门则高车驷马，坐垫又厚又软，在内三日一小宴，七日一大宴，列鼎而食，陪客满厅，山珍海味，美不胜收，其宴饮之丰盛，享受之豪华，地位之显赫，无不令人羡慕。

可是他并未因此而忘乎所以。每餐宴之前，必先以酒酹地，敬献他已故的父母；有时抚今思夕，悲从中来，以至泪如雨下。

有一次，正当大家举杯互祝，狂欢畅饮，忽见子路默然停留，满怀心事，乃至楚王向他举杯，他都没有觉察。

楚王问："爱卿，你是否觉得我们楚国对你礼数不周，俸禄不厚而不愉快？"

子路说："大王误会了，恰恰相反，正是这盛大的国宴使我心中难受。"

楚王奇怪了："孤王愿闻其详，爱卿可否赐教？"

仲由百里负米

"哎！"子路长叹一声，摇了摇头，好一阵才说，"我现在算是富贵了，我的父母却不在人世了。身为人子，不能让父母同享富贵荣华，怎么能不负疚呢？现在，即使我还想像当年那样背着米袋步行百里到家，以尽人子之责，父母也得不到了。"说着竟然大哭起来。可能他自己也觉得有些失态，只好伏在桌子上，抱着头，耸着肩，浑身颤抖地抽泣。

达官显贵们没有几个人能理解他的心情，都以为他喝醉了，可是楚王从此却更加敬重他了。

孟 子

——提倡孝悌

孟轲，字子舆，邹（今山东邹县）人。战国时思想家。受业于子思。在儒学分化中，被称为孔孟学派，代表孔门正统学术思想。

在一个秋雨连绵的夜晚，孟子和学生们围坐在一起讨论孝悌和修养的关系问题，爱提问题的公孙丑首先提问："老师，您为什么那么重视孝悌呢？"

孟子解答:"因为要实行尧舜的仁政,必须立足于孝悌。"

孟子像

公都子接着问:"那么,什么是孝悌呢?"

孟子解释说:"孝顺父母为孝,尊敬兄长为悌。孝和悌是仁义的基础,只要每个人都爱自己的双亲,尊敬自己的兄长,天下就可以太平。"

孟子谴责不孝顺父母的人,他认为不孝有五项内容。

学生公都子问他有哪五项内容时,孟子说:"世俗所谓不孝的事情有五件:四肢懒惰,不管父母的生活,一不孝;好下棋喝酒,不管父母生活,二不孝;好钱财,偏爱妻室儿女,不管父母生活,三不孝;放纵耳目的欲望,使父母因此受耻辱,四不孝;逞勇敢,好斗殴,危及父母,五不孝。"

孟子还认为,父母死后,应当厚葬久丧。孟子老母死了,孟子给以隆重的送葬,棺和椁,都选用上等的木料,还专门派学生监督工匠制造棺椁。事后,他的学生也觉得选用的棺木太好了,便带着疑问对孟子说:"前几天,大家都很悲伤、忙碌,我不敢向您请教,所以今天才提出来。您看,用的棺木是不是太好了呢?"

孟子解释说:"对于棺椁的尺寸,上古时没有一定的规定;到了中古,才规定棺厚七寸,椁要与棺相称。从天子一直到老百姓,都这样做了,才算尽了孝子之心。古人都这样做了,我为什么不能这样做呢?我给你们讲孝悌时,不止一次地对你们说过:在任何情况下,都不应当在父母身上省钱啊!"

公元前325年,滕国的国君滕定公死了,太子(即滕文公)派然友去请教孟子怎样办丧事。孟子主张厚葬久丧。他对然友说:"父母的丧事,尽心竭力去办就是了。曾子说过,当父母在世时,应按照礼节去侍奉;他们去世了,应按照礼节去埋葬和祭礼,这就是尽孝。诸侯的丧礼,我虽然不曾学习过,但也听说过,就是实行三年的丧礼。从国王一直到老百姓,三年中，都要坚持穿孝服，夏、商、周三代都是这样办的。"

亚圣殿

然友回到滕国，把孟子的话向太子汇报了，太子觉得孟子说的有道理，便决定实行三年的丧礼。但是，命令下达后，滕国的父老和官吏都不愿意，有人说："三年丧礼，连我们的宗国鲁国的历代国君都没有实行过，我们何必去实行呢？"

又有人说："这样做耗费太大了。"

当时议论纷纷，众说不一。

太子也觉得难办，又把然友找来，对他说："我过去不曾搞过学问，只喜欢跑马舞剑。今天，我要实行三年之丧，百姓和官吏都不同意，恐怕这一丧礼我难以实行，请您再去替我问问孟夫子吧！"

然友受太子的委托，又匆忙坐上马车去请教孟子。孟子听了然友介绍后，严肃地说："唉，这么一件事，太子何必老问别人呢？孔子说过：国君死了，太子把一切政务交给相国，在孝子之位痛哭就是了。这样，大小官吏没有人敢不悲哀的，因为太子亲身带头的缘故啊，国君的作风好比风，百姓的作风好比草，风向哪边吹，草自然向哪边倒。这件事，太子的态度一定要坚决。"

太子听了然友的汇报后，坚定地说："对，这应当取决于我。"

于是，太子在丧棚里住了5个月，不曾亲自颁布过任何命令和禁令，这样一来，官吏们和同宗族的人都很赞成，认为太子知礼。

5个月过去了，到举行殡葬的那天，各国都派使者来吊丧，四面八方的人都来观礼，太子面容悲哀，哭泣哀痛，参加吊丧的人也都哀之。

后来孟子宣扬的厚葬久丧，已没有人尊奉了，但他提倡的尊敬父母兄长、感激父母的养育之恩已成为美好的道德风尚。

汉文帝

——侍母尝药

汉文帝刘恒是历史上有名的仁孝皇帝,他侍母尝药的故事,在后世广为流传。

文帝的母亲薄姬,虽不是正宫皇后,但她秉性仁善,深得朝中大臣称道。

汉文帝刘恒

汉朝初期,镇守代地的相国陈豨起兵造反。高祖刘邦出兵平定叛乱,由于代地位处边疆,是重要的边防要塞,必须由可靠又有才干的人镇守,才可保家国的安全。在众臣的举荐下,贤孝稳重的刘恒被封为代王,镇守边防。蛮荒偏远的代地,远离京畿,恶劣的环境使人难以适应。但是,代王刘恒不愧是贤明之人,听从母亲的教诲,恪守力行祖训,把代地治理得井井有条,使边疆恢复了安定。

不久,吕后宗亲谋反,后被忠臣平定。刘恒遂在丞相、太尉拥立下,登上了帝位。当了一国之君的汉文帝,坚持以仁孝治理天下。平日,他身体力行,每天都向母亲问安,如果公务不很繁忙,文帝还要特别抽出时间,陪伴在母亲左右。在文帝心中,始终把侍母尽孝当做是自己生命中的大事。只要母亲身心安泰,他自己也会感到莫大的快乐。

日月如梭,母亲开始日渐衰老、孱弱。文帝不免担忧起母亲的身体。一天,母亲不幸病倒了,文帝请来最好的医生给太后诊治,宫廷内外也都为尽早医好太后的病而各尽所能。

此时此刻,文帝焦急万分,他深恐母亲一病不起,甚至会离自己而去。他时刻牵挂着母亲,已经放心不下宫女们的照顾。只要完成公务,文帝便会径直来到母亲寝宫,守护在母亲床前。看到母亲憔悴的面容,文帝食不甘味,夜不能眠,他亲自为母亲端水送药,一心想着让母亲尽快好起来。只要母亲感觉好了一些，文帝心中就感到无限的喜悦。

侍母尝药

在侍奉母亲的 3 年里，身为一国之君的汉文帝，几乎没有睡过一个安稳觉。即使在休息时，文帝也从不宽衣解带，生怕在母亲呼唤时，由于自己一时的怠慢而无法应母亲之需。为了更好地照顾母亲，文帝还学习所用汤药的药效、剂量，而且牢记于心，对什么时候用药，如何熬制才能充分发挥药效等等，他都能恰当地掌握。母亲每次服药前，文帝必会亲自尝药，品一品熬煮的浓度是否适当，温度是否合适，然后再嘱咐进行调制调温，直到适宜母亲服用之后，才放心地端给母亲。母亲在皇帝三年如一日的侍奉护理下，终于有了好转。

文帝对母至孝，身为皇帝，他也把百姓当做亲人。他倡导："孝悌，天下之大顺也。力田，为生之本也。三老，众民之师也。廉，吏民之表也。"并嘉奖这些世人模范，以带动良善的社会风气。他还广纳谏言，废除因诽谤而处以死刑的惩罚，在收成差的年份减租减税，惠赐天下孤寡。在位 23 年，不管是宫室、苑囿，还是车骑、服御，文帝从来都没有增添过。他仁慈恭俭，以敦伦尽分，崇尚简朴，示范天下，自然得到万民爱敬、海内殷富、远者悦服、天下大治的盛景。

人们常说，久病床前无孝子。对病人三年无微不至地照顾，对一个人来讲，确实是一件不容易做到的事。可是，一位日理万机的君王，却能够真正做到三年如一日地悉心侍奉，追其根源，这都是由于他有一颗真挚的孝敬之心。反观现代社会，很多为人子女的，终日忙于名利事务，却很少念及家中还有时刻牵挂自己的父母，更谈不上亲力亲为侍奉双亲了。此时此刻，我们不妨静下心来，认真地反思一下，终日忙忙碌碌，究竟给养育我们的父母带来多少欢乐，多少精神的慰藉？

"夫孝，德之本也，教之所由生也。"没有孝道的人生，是拔根断源晚景凄凉的人生；没有孝道的民族，是没有生命力的民族。孝亲是做人的基础,是民族慎终追远、民德归厚的基石。汉文帝以一颗拳拳孝子之心,以侍母尝药的孝行,为天下百姓做出了侍母报恩的榜样。

司马迁

——不负父命成《史记》

在一间冷森森的囚牢里,一个手脚戴着刑具的犯人蜷缩在刑房的角落里。这个犯人就是辉煌巨著《史记》的作者司马迁。3年前,父亲司马谈去世,他继承父职,在汉武帝手下任太史令。

一天,汉武帝问他对李陵在与匈奴作战中投降一事的看法。司马迁从李陵平时的为人以及当时敌强我弱的形势加以分析,认为李陵是有功之臣,他的投降实属无奈,将来必为朝廷效命。汉武帝听罢心中大怒,以"欺君罔上"之罪,把他投入监狱,并判处死刑。

司马迁画像

这场从天而降的横祸使司马迁悲愤至极。他在牢中凝视着窗外的月光,回想起生前的父亲。

司马迁10岁时,父亲带他到家乡陕西韩城郊外河边,只见奔腾咆哮的黄河向龙门山滚滚冲击。父亲给他讲了一个古代的传说:"每年都有千千万万条鲤鱼逆流而上,想穿过龙门山后化为神龙上天,可是那些意志薄弱的鲤鱼都触山而

司马迁作《史记》

死,只有毫不灰心、坚韧不拔的72条鲤鱼跃过龙门,成为火眼金爪的巨龙,直向天门飞去……"

公元前110年,司马迁出使西南巴蜀回家时,父亲已病入膏肓。他跪在父亲的病榻旁给父亲端上了一碗汤药,父亲摆摆手,对他说:"我死之

后,你要接替我的位置,继承祖先的事业。自从孔子死后,至今 400 多年了,没有一部像样的史书。我身为太史令,没能做成这件事,真担心天下的史籍文化从此断绝,你要记住我的话,写成一部《史记》……"

司马迁泪流满面,哭泣着说:"儿虽不敏,但一定记住完成父亲未完成的事业,把《史记》写出来。"

狱中的司马迁想到这里,站起身来,两手紧紧攥住窗棂,口中喃喃地说:"父亲,我不会忘记你的遗训……我一定要活下来!"

按照汉代的律法,死囚可花大钱赎罪,但司马迁拿不出那么多钱;剩下的办法就是接受宫刑,这是对人格的极大侮辱。想到这里,他心中一阵寒噤:这种肉体和精神的痛苦简直比慷慨引刀还要难受百倍啊!但是,为了继承父亲的大业,他决心忍受一切痛苦。

《史记》

第二天,司马迁通知狱司转告汉武帝:他愿意接受宫刑。

司马迁被释放后,开始发奋写作,每天写到深夜。汉武帝征和二年(公元前 91 年),司马迁终于完成了共 130 卷、53 万字的巨著《史记》。

黄　香

——扇枕温衾

东汉时期,有个人姓黄名香,字文疆。在他 9 岁的时候,母亲便病故了。虽然黄香只有 9 岁,但他已深深懂得孝的道理。

黄香每天都非常思念去世的母亲,常潸然泪下,乡里的人看到他思母的情景,都称赞他是个孝子。失去了母亲的黄香,更把全部的孝心都倾注于父亲身上,家中大大小小的事情,都亲自动手去做,一心一意服侍父亲。

三伏盛夏,酷热难当。每天只要吃过晚餐,就可以看到邻居们搬出椅子,坐在屋外乘凉聊天。小孩子

黄香像

这时总是会趁机要求大人们说故事，要不就是追逐着在夜幕下玩耍。但是在这么多人中，却永远找不到黄香的影子。原来细心的小黄香，担心劳累一天的父亲因天太热，睡不好觉，正拿着扇子在床边扇枕席。左手扇累了，换右手，右手酸了，再换左手。就这样一下又一下地扇着，一直扇到席子已经暑气全消，黄香才会去请父亲上床睡觉。一夜、两夜……整整一个夏天都这样。

过了秋天，隆冬来临，每到晚上整个屋子就冷得像冰窖一般，要是碰上下雪的日子，就更有得受了。但是孝顺的黄香，仍然有办法让父亲每天晚上睡得舒舒服服。只要天一黑，黄香就会钻进父亲冰冷的被窝里，用自己的身体，把被子弄得暖烘烘的，然后再请父亲去睡，这样父亲就可以免去寒冷之苦了。

日复一日，年复一年。黄香的孝行，传遍了左邻右舍，传遍了全县，也传遍了全国。

现今科技发达了，物质生活富裕了，我们不需要再像黄香那样扇席暖床了。但黄香孝敬父母的精神是永远值得我们学习的。当夏天夜晚来临时，人们是否想到早早地开冷风让房间凉爽，父母入睡再及时地关掉冷风，以免着凉；冬天时，是否想到开暖风让父母感到丝丝暖意。当然用电的同时也一定要注意安全。

黄香扇枕

行孝是天下所有为人子女应该做的。当父母上年纪时，更需要的是精神上的关爱，如果有时间，应该经常和父母在一起，让父母感到亲情的温暖。

我们要以黄香为榜样，从身边一点一滴的小事做起，孝敬父母。

孔 奋

——孝敬母亲

孔奋，汉代扶风（陕西凤翔）人。他从小就懂得事理，听从父母的教导,帮父母干力所能及的活,从不惹父母生气,不叫父母为自己操心。少年时就以孝敬父母闻名州里。

父亲去世之后,他为了减轻母亲的思念、悲痛和孤独感,侍奉母亲更加周到,待人接物、为人处世更加谨慎,以免母亲为自己操心,或觉得生活不便。每天早晨起床后,他第一件事就是到母亲屋里去请安,问寒问暖,问睡问食。直到母亲说:"忙去吧!"才肯离去。之后,他便和妻子一起安排好母亲一天的饮食。总不忘嘱咐妻子一定要把饭菜做好,香甜可口,好让母亲吃得高兴。每天晚饭后,不论忙或闲,都要到母亲房里去坐坐,谈谈家务,说说见闻,为母亲解闷,听母亲教导,了解母亲起居和身体情况。邻里们常在孔母面前夸孔奋孝顺,孔母听在耳里,乐在心里。孔奋对母亲的孝心在当地影响很大,他在当地的名望越来越高。

后来,当了地方官,他廉洁奉公,崇尚节俭,在当地形成了风气。他当了官,身价高了,对母亲的孝敬不但没有减弱,反而更加无微不至,细心周到。他把每月领到的薪俸,首先给母亲买足食用的物品,保证母亲吃得可口、穿得舒适,余下的钱,全家才能动用。因此,他和妻子、孩子经常吃粗食淡饭。

孔奋节衣缩食孝敬母亲,博得了乡里、亲友和同僚的普遍称赞。人们议论道:"孝敬老人,让老人吃好穿暖,很多人都有这样的愿望。但各个人的情况不同,一家人生活的物质条件又是人人有份的,像孔奋那样,从家人身上节省下来钱去孝敬母亲,确实是很难得的啊!"

班 固

——孝继父业撰《汉书》

班固(32—92),字孟坚,东汉扶风安陵(今陕西咸阳市东)人,是中国古代著名的史学家、文学家。

班固出生于封建官宦家庭,又是儒学世家。其父班彪,为人性情沉静稳重,博学多才,善于著述。班固之所以能成为一个著名的历史学家,与班彪的教导和影响是分不开的。

班固在父亲的教导与影响下，自幼聪明伶俐，9岁就能作文。16岁入洛阳太学读书。青年时期博览群书，对于诸子百家各种学术流派的观点，细心加以探讨。班固治学注重了解文章大意，而不在分析字章上下工夫。他为人宽厚、谦虚，从不以自己才学过人而自恃，因而深为时人所敬慕。

班固像

班固23岁时，其父因病逝世。当时他正在洛阳太学读书。当他听到父亲病逝的消息后，悲痛至极，他匆匆赶回家中为父居丧。在此过程中，他一面缅怀父亲生前对自己的教诲，一面潜心阅读父亲遗作。在通读《史记后传》之后，他发现很多地方记叙得还不够详细，于是，他决心完成父亲未竟的事业，以尽孝道。

班固开始大力搜集材料，改订体例，准备在《史记后传》的基础上编撰《汉书》。可就在他埋头编撰过程中，因有人诬告他私自改作"国史"而被捕入狱，书稿也一并被抄去。

其弟班超闻讯上书，才救了他。当时明帝看了他的书稿，不但赞赏他的史学才能，而且召他到京师任兰台令史，掌管宫廷藏书，并进行校勘工作。第二年被提升为秘书郎。班固充分利用这个有利条件，典校秘书，编著国史。明帝非常高兴，命他继续撰写班彪未写完的《史记后传》。

《汉书》

这是他完成父亲未竟事业的大好时机，于是他又着手撰写《汉书》了。经过20余年的不懈努力，到汉章帝时，《汉书》才大体写成。

《汉书》内容丰富充实，保存了大量原始资料，而且语言精练，言简意赅，结构严谨，对人物的描写尤为细腻、生动，形象跃然纸上。它真实地记录了当时社会的现状与阶级矛盾，客观地反映了统治阶级的腐朽与罪恶，对民间疾苦寄予一定的同情，歌颂了一些英雄、爱国人物。总之,《汉书》不仅是一部有重要史料价值的优秀历史文献,而且也是一部杰出的散文巨著,在文学史上有重要地位。

郭 巨

——埋儿奉母

东汉时期,有一位孝子姓郭名巨,字文举,原籍河南省林县,后来因为家贫,流落到河北省内丘县。

郭家有兄弟三人,郭巨是长子,他还有两个弟弟。父亲过世的时候留下了一些财产,但是郭巨想到自己已经成年,有独立生活的能力,而弟弟们还年幼,能力较弱需要照顾,于是就把钱财全部分给两个弟弟,自己分文不取。郭巨不但放弃了父亲留下来的钱财,而且一心一意地赡养母亲,可见他一点都不贪求富贵名利,是个非常淡泊的人。

在异地他乡,夫妻二人勤勤恳恳,以帮佣为生,靠赚取微薄的收入来奉养母亲,尽力使母亲吃得好,穿得暖。而夫妇俩却节衣缩食,极其节俭,吃的是最粗糙的食物,穿的是补丁摞补丁的衣服。生活条件虽差,但在粗茶淡饭的郭家,却是欢声笑语不断,从早到晚,洋溢着母慈子孝的温馨。

后来,家里添了个小孙子,生活更加拮据。郭巨依然把所有好吃的东西,统统留给母亲享用。郭巨的母亲非常疼爱小孙子,总怕他吃不饱,长不大,每一次郭巨奉养母亲食物,老人都会把孙儿叫过来一起分享。看到孙儿那么可爱,老人宁可自己少吃一些,也要把最好的留给孩子。如果郭巨和妻子阻拦,老人就推说没有胃口,或者是牙齿咬不动,不爱吃,一定要看着孙儿香香甜甜地吃下去,才心满意足。

郭巨看在眼里,疼在心底,他想到生活这么拮据,尽最大努力都不能很好地奉养母亲,给母亲的食物也很有限,却因为母亲这么喜欢自己的儿子,宁愿减少每餐的饭量,也要留给孙子吃,而没有办法达到尽孝的心意。为了让母亲安心用餐,每一次给母亲呈上食物之前,郭巨一定先让儿子到外面玩耍,这样他才不会跟奶奶分食。

离郭巨家不远,有个小水塘。有一天,郭巨的儿子在外面玩耍,不小心跌到池塘里溺水死了,等到他们发现的时候,儿子已双眼紧闭,脸色苍白,没有了呼吸。妻子抱着失去知觉的孩子,既心痛,又着急,非常的惶恐,号啕大哭起来。

俗话说,"骨肉连心"。看着死去的儿子,郭巨非常难过。然而郭巨此刻唯恐惊动母亲,他知道母亲非常疼爱这个孩子,如果一下子知道孙子落水而死的噩耗,恐怕没有办法承受这样大的打击,会伤心过度而损害身体。

郭巨强忍悲痛,对妻子说:"儿子可以再生,母亲只有一个,一旦失去了母亲,永远不能复得,所以千万不要惊动母亲。"郭巨让妻子忍住哭泣,不要被母亲听到,赶紧挖坑把小孩给埋葬了。

埋儿奉母

孝出自人类自然的本性,是顺乎天道的自然法则。当我们的孩子看到我们孝顺长辈,会感到由衷的喜悦,生起学习向往之情。而懂得如何孝顺父母的孩子,未来的人生道路才能走得从容、踏实。

"夫孝,德之本也,教之所由生也。"孝道超越时空,跨越国度,承传数千年,是中华文化的核心,是德行教育的根基所在。郭巨埋儿的故事,不仅孝行感人,也启发我们学习他教子的智慧。

郭世通

——孝行感天下

郭世通,会稽永兴人。在他 14 岁的时候,父亲得了重病,卧床不起,家里的生活越来越困难了。他只好到邻人家里做工,赚点钱给父亲求医治病。可是没有多久，父亲就与世长辞了。继母体弱多病，家里实在太穷，没有能力安葬父亲。这时，郭世通决定借钱安葬父亲，然后自己外出做工再还钱。他长大以后，娶妻生子，家里的人口多了起来，生活就更困难了。夫妻俩常常暗地里默默哭泣，一筹莫展。继母贫病交加，体弱不支，最后闭上了忧郁的双眼。亲友们看他家贫如洗，安葬继母实在困难，一齐筹措了一些钱物，帮他办了丧事。丧期满了以后，他再次外出做工，挣了钱报答亲友们的帮助。郭世通常常告诉自己的孩子，要节俭过日子，不能随便浪费粮食，也不能随便要别人的东西，更不可偷拿别人的衣物。他从来也没有忘记对父母的思念。因此，他的几个孩子也都十分孝顺、勤劳、节俭。由于他的影响，仁孝之风在他的家乡盛行起来，邻村里无论大人或是小孩没有一个直呼他名字的。

有一次，他同别人一起在集市上卖东西，无意中多得了买主的钱，当时双方都没有发现。等他离开以后，走了好远他才突然间醒悟过来，连忙跑回去把钱还给那个人。买主十分感动，拿出一半给他表示酬谢，郭世通说什么也没收下。

由于他时时处处都以仁孝严格约束自己，因此同他接触过的人都十分尊敬他，也仿效他躬行孝道。不久，他的孝行传遍天下。皇上下令嘉奖他，并把他居住的独枫里改为孝行里。

董　永

——卖身葬父

传说在汉朝的千乘地方，也就是今天山东省的博兴县，有一个人叫董永，他很小的时候就失去了母亲，家境十分贫寒，同父亲相依为命。

董永自幼非常孝顺，他每天跟随父亲一道去田里耕地，都尽全力地去做农活儿，以分担父亲的辛劳，从来不把自己当做小孩子看。每次在回家的路上，他也总是让辛苦了一天的父亲坐在鹿车上，自己却拖着疲软的双腿跟在后面步行。

后来，父亲不幸过世了，一贫如洗的家里没有条件来安葬父亲，孝顺的董永只好打算出卖自己，以换取安葬父亲的费用，使父亲能够早日入土为安。

董永传说

一位乐善好施的员外听说董永的情况后，被董永的孝心所感动，便拿出钱来资助董永办理了丧事。董永也承诺：为父亲守丧后，一定去员外家里做工报恩偿还。

转眼三年时间过去了，守丧期满的董永遵守着先前许下的诺言，前往员外家里去做工。路上，在一棵大槐树下，董永意外地碰上一位女子，自称只身一人无家可归，情愿与董永结为夫妻，一同去员外家里做工还钱。面对无依无靠的女子，董永也只好答应带她一同前往员外的家里。

看到董永二人的到来，员外感到十分奇怪，问道："先前我不是已经给过你钱了吗？"董永赶紧深施一礼回答说："是的，员外，承蒙您的恩惠，我已经安葬好了父亲，并守丧三年期满。虽然我是一个贫贱之人，但也想尽自己的全力来您家里做事，以报答您的深恩厚德。"

听过董永的回答，员外明白董永报恩的用心，但是看到董永身边的女子时，不免又疑虑地问道："你来做事还钱倒是可以，这位女子又能做什么呢？"因为在路上，女子已经告诉过董永她可以织布，所以董永便回答说："她能织布。"

员外听过之后非常高兴，也想成全董永报恩的一片真心，便对他们说："那好，你们二人就为我织百匹布作为偿还，然后就可以回自己家了。"于是，董永二人就留在了员外的家里，开始织布。

本来百匹布并不是很简单的事情，需要很久的时间才能完成，可是没有想到，董永在女子的帮助下，竟然用了不到一个月的时间，就轻而易举地全部完成了。如此惊人的速度，使员外感到非常惊奇，见他们已经完成了约定，也就送他们二人离去了。

当董永怀着对女子的无限感恩与喜悦，走到他们原来相遇的那棵槐树下时，只见女子停下脚步，向董永施礼告辞说："我是天上的织女。是你的至诚孝心感动了天帝，他特让我来帮助你。"说完话，她就凌空而起，瞬间不见了踪影。

望仙桥

虽然这只是记载于《搜神记》中的一个美丽的民间传说，但是，董永卖身葬父的至孝，却是每一个人生来具有的本性，这种本性一旦彰显出来，不仅会感动周围的人，也会感动天地万物，成为困境中有力的助缘。可见，孝心是立身处世的根本德行，每个人都绝对不可以丧失。

韩伯愈

——泣笞伤老

韩伯愈，汉代梁州人。生性孝顺，能先意承志，所以深得母亲欢心。母亲对他十分严厉，尽管对他非常疼爱，但是偶尔也会因他做错事而发火，用小杖打他。每当这时，他就会低头躬身等着挨打，不加分辩也不哭。直等母亲打完了，气也渐渐消了，他才和颜悦色地低声向母亲谢罪，母亲也就转怒为喜了。

到了后来，母亲又因故生气，举杖打他，但是由于年高体弱，打在身上一点儿也不重。伯愈忽然哭了起来，母亲感到十分奇怪，问他："以前打你时，你总是不言声，也未曾哭泣。现在怎么这样难受，难道是因为我打得太疼吗？"伯愈忙说："不是不是，以前挨打时，虽然感到很疼，但是因为知道您身体健康，我心中庆幸以后母亲疼爱我

韩伯愈故里

的日子还很长，可以常承欢膝下。今天母亲打我，一点儿也不觉得疼，足

见母亲已筋力衰迈,所以心里悲哀,才情不自禁地哭泣。"韩母听了将手杖扔在地上,长叹一声,无话可说。

孔子曾说过:孝子侍奉父母,父母用小杖打儿子时,儿子应该忍受;用大杖打时,儿子应该走开,是为了不让父母背上伤子之名。伯愈的母亲生气时用小杖打他,所以他甘愿承受,让母亲息怒而安下心来。委屈自己体会父母之心意,本来就应如此。到后来,因母亲已老,自己感觉不到杖责之疼痛而悲痛哭泣,这是孝子的挚诚,实在令人感动。

陆 绩

——怀橘遗亲

陆绩,字公纪,三国时期吴国人。他的父亲陆康孝顺善良,曾被当地太守李肃举荐为孝廉。后来李肃不幸客死异乡,陆康知恩图报,亲自将他的灵柩送回颍川,礼数周备地为他操持了葬礼。

陆康做官以后,体恤百姓疾苦,办了许多实事,深得当地百姓们的敬爱,后来成为庐江太守。陆康的言传身教,给年幼的陆绩以至深的影响。

时值东汉末年,陆康和后来成为三国时期著名将军的袁术交情非常好。有一次,陆康带着年仅6岁的儿子陆绩,到居住在九江的袁术家里做客。袁术非常高兴,端出橘子热情招待他们。

长辈们谈话的时候,陆绩就坐在一旁剥橘子吃。这橘子甘甜汁

陆绩怀橘

多,吃得陆绩美美的。当他伸手再拿第二个的时候不由得想起:妈妈最爱吃的水果就是橘子了,可她还从来没有尝过这么好吃的橘子。想着想着,陆绩的眼前就浮现出妈妈慈爱的笑容……于是,陆绩忍住了自己再吃橘子的念头小心翼翼地拿了三个装进怀里,心想:把这些橘子带给妈

妈,她该多高兴啊!

由于大人们谈话都很投入,谁也没有察觉到陆绩的这个小动作。等到陆康父子准备告辞的时候,只见陆绩两臂夹紧,双手抱在胸前,小心翼翼地从椅子上滑下来,随同父亲走到主人面前,鞠躬施告别礼。不料当陆绩双手作揖,毕恭毕敬地弯下腰来躬身行礼的时候,三个黄灿灿的橘子突然从他胸口的衣襟里咚咚咚地掉了出来,滚落在地上。

袁术见此情景,禁不住开怀大笑,然后又故意板起脸孔说:"你来我家做客,怎么还把橘子带走啊?"陆绩慌忙跪在地上说:"对不起,我妈妈最爱吃橘子,您家的橘子特别甜,我想带几个回去给妈妈。"

袁术听了之后非常惊讶,随即脸上又现出喜悦之色,内心不禁感叹:这么小的孩子就能时时惦记母亲的喜好,并尽力成全,实在难能可贵呀!陆绩怀橘敬母的行为和他率真的天性,也使在场的人都深受感动,大家不禁交口称赞。

吴 猛

——恣蚊饱血

吴猛是晋朝的人,字世云,自幼就是非常孝顺的人。

当其他8岁的小孩子还在父母的庇护下撒娇时,吴猛就已经懂得如何孝敬父母了,我们来看看他这么小的年纪到底是怎样孝顺父母的。

刚入夏,吴猛发现父母的眼睛老是布满血丝,红红的,没有一点精神。他很奇怪,不知道为什么,后来经多次细心地观察,吴猛发现了原因。

原来吴猛家境非常贫寒,住在偏僻落后的地方。屋子破旧,又靠近小河边,所以蚊子异常多。可家中又穷得买不起蚊帐。所以每逢夏夜,满屋子的蚊子便嗡嗡地响,叮得父母这里一个包,那里一个包,搅得父母睡不了觉。

父亲每天都起早摸黑地到外面干活儿,在外已经被炎炎烈日晒得头昏脑涨、筋疲力尽了，回来后应该好好休息，睡一觉，第二天才有精神和体力继续干活。劳累了一天的母亲也疲惫不堪。而母亲也要大清早就到外头去帮佣，赚一点钱补贴家用。父母本应该好好休息，可都因为蚊子叮得睡不好。原来，已经很疲惫的父母，是因为蚊子叮得晚上睡不好觉，才经常眼睛里布满血丝的。

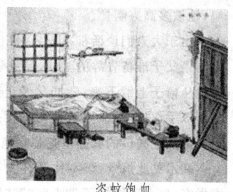
恣蚊饱血

吴猛非常心疼父母，很是着急。他想来想去，最后干脆就把衣服脱掉，先去躺在床上，任凭屋子里的蚊子来叮咬他。尽管蚊子那么多，统统围在他的身上，他还是忍耐着。为了父母，他能忍受着痛，忍受着痒，忍受这些蚊子在他身上任意叮咬。因为他怕赶走了这些蚊子后，蚊子再去叮咬他的父母，他不忍心让父母被咬，就任凭蚊子吃得饱饱的。希望蚊子叮了自己之后，不要再去咬父母。结果吴猛经常被蚊子咬得伤痕累累，满身是包，而且整个夏天都如此坚持下来。

他是多么孝敬、体贴父母的孩子啊！用自己的血肉和伤痛换来父母的安眠。小小的年纪，就这样至情，这样体贴亲意，实在是非常感人。

父母养育儿女，整天担心孩子吃不好，担心出门发生意外，对孩子可以说照顾得无微不至。尤其到炎炎夏日，父母会驱蚊虫来保护孩子细嫩的肌肤，用一切方法来赶蚊子。如果孩子撒娇，父母亲会把孩子抱在怀里搂一搂、拍一拍。在寒冬里，怕孩子半夜踢被子，母亲会多次起来照看孩子。孩子受到任何一点点的伤害，父母都会感到不安和心疼。

父母不计一切的辛劳，只希望孩子能在安全、温暖、保护当中茁壮成长。父母爱护自己的子女是如此的情深，那么为人子女的怎么不能像吴猛这样，为父母做一点事呢？所以说，我们一定要向吴猛学习，体贴父母，报答父母的恩情。

盛 彦

——吐哺待慈母

盛彦，字翁子，西晋广陵人。少年时代便很有才能，当时有一位太尉叫戴昌的曾以赠诗形式考查他，盛彦面对满座官僚文士，慷慨作答，没有一点理解错误的地方，受到文士们的赏识。

盛彦的母亲王氏非常勤劳节俭，不仅亲自操持家务，还时时督促盛彦读书识字，教他以礼待人……后来，由于过度操劳，得了一场病，连眼睛也跟着瞎了。家里虽然雇了一个女仆，但是许许多多的事都落在了盛彦身上，他一边帮母亲安排日常生活，一边拼命读书，他的才干也越来越受人重视了。成年以后，官府鉴于他极有才名，多次征召他去做官，盛彦每次都是以母亲病势沉重而推辞了。每当谈到母亲双目失明，日常生活很难自理，重病缠身的情形时，盛彦就止不住悲伤，痛哭失声。他每天每顿饭都要亲手喂母亲吃，凉、热、咸、淡都是他先尝一尝，有时候，饭菜如果稍微硬一点，盛彦就自己先嚼一遍然后喂母亲。这样坚持了好多年，他母亲的病多少有一点好转。他母亲病了好久好久，女仆当然会受累，于是暗暗产生了怨恨的心情。有一回，盛彦外出办事，上午也没回来，那个女仆就生出了坏心，到屋子后面的菜地里捉了一些金龟子（吃植物根茎的小虫）的幼虫，放在瓦片上烤熟了给盛彦的母亲吃，还撒谎说是好东西。母亲吃了一些，觉得很好，于是就以为这确实是难得的好东西，顺手捏了一点偷偷留起来。后来，盛彦回家了，他母亲把烧熟的金龟子给他看。盛彦一看，立刻跪在母亲面前，哭着向母亲赔罪，深责自己照顾不周全，叫母亲遭罪了。他母亲却安慰他说："这东西吃了也没什么事，我倒觉得眼前好像有点亮堂了。"盛彦一听，异常惊喜，打来一盆清水，给母亲轻轻擦拭，没一会儿，母亲的双目就能清楚地看见东西了。盛彦这时候以为当初错怪了女仆，竟然向女仆跪谢，女仆却羞愧得一声不吭地站在那儿一动也不动。

由于盛彦孝顺母亲，善待仆人，家里越来越和睦了。

王　裒

——闻雷泣墓

三国的时候，魏国有一位姓王名裒的人，非常孝顺。

他的父亲叫王仪，当时在朝廷里头当官。有一次晋文帝出兵，在这次出兵当中，朝廷死了非常多的士兵，所以文帝就在上朝的时候，询问底下的这些文武百官，要大家分析这次战役为什么会损失惨重。结果没有人敢出口说话，唯独王仪，他是一个高风亮节之人，就直陈说："这次战役的责任完全归于元帅。"大家都知道，元帅就是当时的文帝，所以文帝非常生气，一怒之下就把王仪拉出廷外问斩。王裒看到父亲如此冤屈而死，非常难过。

王裒像

因此他终身不再面向西坐，以表示不为晋朝之臣。王裒自幼饱读诗书，所以他的学问、品行非常好，朝廷也屡屡征召他出来为官，可是王裒面对金钱名利的诱惑，都不为所动。

王裒对母亲也百般孝顺。只要是母亲的事情就亲力亲为，体贴入微。母亲过世后，他非常悲痛。母亲生前胆子小，最怕的就是打雷。所以每当遇到风雨交加、雷声隆隆的时候，王裒就会很伤心地飞奔到母亲的坟墓上面，去那里哀泣着说，孩儿就在此地，母亲不要害怕。

闻雷泣墓

有一次，王裒依在一棵柏树前号哭，他的眼泪涔涔而下，滴落到柏树上面，想不到柏树也因感受到王裒的孝顺，竟也枯萎了。可见一个人孝心孝行的力量有多么的伟大！这种发自内心的孝，它可以感动天地万物!

王裒这么孝顺，所以每当他授课读到"哀哀父母，生我劬劳"时，他就非常的难过，不仅潸然泪下，而且难过到没有办法教授学生。他的学生担心老师哀伤过度，所以就把《蓼莪》这一篇给废止了。

陶　侃

——遵父教诲

陶侃(259—334)，字士行(或作士衡)，鄱阳(今江西鄱阳)人，汉族，中国东晋时期名将，大司马。初为县吏，渐至郡守。永嘉五年(311年)，任武昌太守。建兴元年(313年)，任荆州刺史。后任荆江二州刺史，都督八州诸军事。

陶侃少年时因父早亡，家境竟至"酷贫"，与母亲湛氏相依为命。湛氏是位很坚强的女性。她立志要使儿子出人头地。在这种环境下，陶侃"少长勤整，自强不息"。湛氏对陶侃管教很严，并通过自己纺织资助儿子去结交朋友。后来，陶侃在县功曹周访的引荐下当上县主簿，才开始摆脱充当贱役的地位。

陶侃像

由于常常要应酬，所以喝酒是免不了的，但是他却一直坚持父亲教训他的原则，无论在什么场合喝酒，一定不超过三杯。

有一次，陶侃和一些有名人物一起聚会，大家兴高采烈地敬酒，陶侃也已经喝到了第三杯，同桌的客人又开始斟酒，陶侃却把杯子收起来说："我不能再喝了。"大家都觉得很奇怪，就问他说："怎么只喝这么一点点呢？"

陶侃幼年勤奋学习

陶侃说："我年轻时，常常因喝醉酒而失态，后来父亲劝导我，以三杯为限。现在他虽然已经过世了，但是我仍然遵守他对我的训诲，喝酒绝不超过三杯!"大家听完之后,就不再勉强他喝酒了。

陶侃的父亲已经过世了,即使他多喝一杯酒,他的父亲也不会知道,但是,他还是一样坚守父亲训诲的原则。其实这些行为表现,都是他在日常生活中,就已经养成尊敬父母的习惯而来的。

韩康伯

——替母分忧

晋朝时候有个韩康伯,小时候家里很穷。冬天,他连棉衣都穿不上。小康伯体谅母亲的难处,从不向母亲要吃要穿,时常说些可笑的话,去排除母亲的忧虑。

又一个冬天到了,老天爷好像故意和穷人作对,天气特别的冷。结冰了,飞雪了,小康伯还是穿着单衣单裤。母亲看着孩子冷得浑身发抖的样子,心里十分难受,求亲告友,东挪西借,总算凑了一点钱,回家一算,仅够做一件棉袄,棉裤还是没有着落。

怎么办,先把棉袄做了再说吧。母亲赶忙到市上买了块最贱的布,回到家里就忙着给小康伯裁棉袄,边裁边安慰儿子说:"好孩子,等妈给你做好了棉袄,就再厚着脸皮去借点钱,给你做棉裤。"说着说着眼泪便流了出来。

这时小康伯正帮着妈妈拿熨斗熨布料,看着妈妈哭了,心里特别难受,怎么才能去安慰妈妈呢?看着被炭火烘热了的熨斗,他有了主意。他握着熨斗把,好像有重大发现似的说:"妈妈,不必做棉裤了,我穿上棉袄,全身上下都会暖和的。"

母亲停止了哭泣,瞪大了双眼,疑惑不解地问道:"傻孩子,光穿棉袄,不穿棉裤,怎么能全身都暖和呢?"

韩康伯指着熨斗调皮地说:"妈妈,您看,这炭火在熨斗里,连熨斗把都被烘热了。根据这个道理,我穿上棉袄,下身也会变暖和的。"

母亲被小康伯稚气的话逗乐了,知道这是说笑话来安慰自己,哪有光穿棉袄不穿棉裤,下半身也会变暖的道理呢?

有这样懂事的孩子,自己就是再苦、再累、再难也值得。母爱,和对孩子的热切期盼,给了她多么大的生活力量和勇气啊!

乞伏保

——真心事继母

乞伏保,是北魏献文帝时高车部(敕勒族)人。他的父亲乞居,曾做过散骑常侍,后封为宁国侯。乞伏保的生母死得很早,由献文帝赐给他父亲的宫女申氏作为继母来抚养他。

继母申氏性情古怪,整天板着面孔,常发牢骚,耍性子,动不动就训斥别人。由于她出身宫女,极少接触小孩,所以对乞伏保十分苛刻。乞伏保她脸上根本看不到一丝笑容,从她身上也感受不到一点母亲的温情。乞伏保在她面前常常吓得两腿打哆嗦,继母骂他没有小侯爷的派头;乞伏保站直了,她又骂伏保不恭敬她。伏保写字、读书,她在旁边评头品足,时而拿起笔管敲伏保的脑门,诸如此类,不一而足。可乞伏保心里却连一句埋怨的话也没有,从来也没顶撞过一句。继母申氏以为伏保怕她,所以变本加厉,越发苛刻,几乎近于狠毒了。继母让他顶替仆人去干本来他干不了的很重的活,打骂从不间断。父亲曾责问过申氏,可因为是皇上赐给的宫女,也拿她没办法。伏保知道后怕父亲为难,就跟父亲说:"继母对我很好,没有她我怎么会长大成人呢,怎么会知道要尊敬长辈,要勤奋、要能吃苦呢?"父亲内心的慰藉化作数滴老泪涌出双眼。为了不让父亲分心,为了家庭的和睦,伏保更加尊敬继母了。

伏保长大以后,继承了父亲的官位,每次得了俸禄或赏赐,都完完整整地一文不少地交给继母。晚归的时候,无论公事、私事,也都原原本本地告诉继母。继母年岁很大了,性情更加古怪专横了,更听不进别人的话了。后来,伏保出任大将军,因为住所离家太远,只好请继母跟他一起到住所居住,八十多岁的申氏说什么也不答应。伏保以真情相劝,她才答应了。伏保亲自扶她上车，又怕她在车上受到惊动，一路上用手紧紧地扶着车辕，步行到了住所。继母申氏高高兴兴地在住所住了三年。

拓跋宏

——为父吸痈

拓跋宏是北魏时代一个很有作为的政治家。在他很小的时候，父亲魏献文帝就把他立为皇太子。拓跋宏幼年丧母，他的祖母冯太后把他抚养成人。冯太后是一个很能干的女政治家，但是极霸道，在处理朝政的时候，常常与魏献文帝产生分歧。

皇帝和冯太后关系紧张，作为皇太子的拓跋宏有些事就特别难办，但他很会处理复杂的宫廷关系。由于拓跋宏是由冯太后抚养成人的，他尊敬祖母，听从她的教导。专横的冯太后觉得拓跋宏这个年幼的小孙子比当皇上的儿子好控制，总想让小孙子早点继位当上皇帝。为了达到这个目的，她甚至想谋害魏献文帝。

拓跋宏年纪虽小，却十分懂事，对父亲极孝顺。他从来不倚仗着祖母对他的恩宠给父亲施加压力。

有一年，在复杂的宫廷斗争中，魏献文帝一急之下，后背上长了一个毒痈。太医们用了各种各样的药，病都不见好。冯太后见了很高兴，她想，要是皇上长的

魏孝文帝吊比干文碑

毒痈治不好，他一死，我就把皇孙宏儿扶上金銮殿当皇上。

可她的孙子却不这么想，他天天跑到父亲的寝宫探视。

父亲背上的毒痈越长越大，疼得魏献文帝额头上冒出冷汗，在床上翻来覆去地大喊大叫。拓跋宏很难过，他守候在父亲床前，宫女送来的药，他总是先尝一尝，然后再让父亲喝下。

可是，一连吃了几剂御医开的药，毒痈并不见下去。夜间，拓跋宏住

在自己的寝宫中都能听见父亲的喊声,他心里十分难过,恨不得替父亲生病。

第二天,宫中的太监们都在悄悄议论:"皇上怕是活不了几天了!"拓跋宏听了,心中十分害怕,他赶快来到父亲的宫里,见父皇背上的毒痈隆起得更高了,毒痈的尖儿亮亮的,显然里面全是脓血,有的地方已经破了。拓跋宏问太医:"是不是把痈里的脓血吸出来,父皇的病就会好了呢?""也许……"太医惊恐地说,"臣不敢担保。"

没想到,皇太子拓跋宏扑上去,用嘴对准了父亲背上的毒痈,像婴儿吸吮奶头那样用力一吸,竟吸出来一大口脓血。宫女们都吓坏了,赶快送过清水让太子漱口。吸出了脓血之后,皇上立刻轻松了许多。过了几天,魏献文帝的毒痈消失了,病竟然完全好了。

一年以后,魏献文帝为了缓和同冯太后的矛盾,把皇位让给了儿子拓跋宏,这时的拓跋宏只有5岁。把皇位让给一个5岁的孩子,这种做法也许是很荒唐的,但是拓跋宏孝敬长辈的品质却从此传为美谈。

庾黔娄

——尝粪忧心

庾黔娄是南北朝时南齐人,字子贞。

他被派到孱陵这个地方去当县令。刚当上县令,很是欣喜。可是到任还不到10天,突然就觉得心头好似小鹿撞一般,咚咚直跳;而且额头上的汗珠簌簌往下流。俗话说:"父子连心。"黔娄心想一定是家里有不祥之事,便要辞官回家。衙门里的人听说后,觉得辞掉官职很惋惜,便说:"你要是不放心就先派个衙役回家看看。要不然直接把家人接到这里。"但是黔娄一想到家中年迈的老父亲便毅然谢绝了众人的好意,马上起程。他路上不敢耽误片刻工夫,日以继夜地赶路,终于赶到家。

果不其然,他的父亲真的生病了。身患痢疾,卧床不起,刚开始两天。他看到卧床的老父亲说:"是我没有照顾好您,都是我的责任啊!"然后黔娄不顾路途的疲劳立即去找最好的医生来为父亲诊断病情。

医生告诉黔娄说：如果你想要知道病情的严重与否，你就要去尝尝他的粪便味道如何，到底是苦还是甜。如果是苦的，就很容易医治；如果是甜的就不好了。在场的家仆都觉得这样会很为难。

可是黔娄听说后，想都不想地便尝了。当场的人都深深地被黔娄的孝心感

尝粪忧心

动了，有的还在一旁轻轻抽泣着。黔娄感到一丝甜味，这说明父亲的病很严重，就忧心如焚。

他更加尽力地侍奉父亲，白天亲自服侍，到了晚上就向着北斗七星磕头祈求，希望能以他自己的身体代替父亲承担病情，希望以他的生命来换取父亲的存活。每天如此，迫切地向上天祷告，头都磕破了。

但是黔娄的父亲病得很严重，过了不久，就过世了。黔娄在守丧期间非常哀痛，尽到了为人子女的守孝丧礼，他几乎没有办法承受父亲的过世，身体因此而非常虚弱，可见他丧亲悲痛之深。更重要的是他为了能赶快回家看父亲可以放弃官职，完全抛弃名利，一点儿都不留恋。这是一般人无法做到的，可见黔娄对父亲何其孝敬。

殷不害

——雪夜寻母

殷不害，字长卿，陈郡长平人。他的祖父和父亲都曾经在朝廷做过官。殷不害从小就非常孝顺，在邻里之间十分有名。他家里世世代代都很勤俭，生活也很清贫。不害有5个年幼的弟弟，母亲身体多病，他侍奉母亲，供养弟弟，勤勤恳恳，关心备至，母子、兄弟之间，和睦融洽，生活虽是清苦，却也欢欢乐乐。

到他17岁的时候，朝廷征召他去做官。为官后，他在政事上显示了

非凡的才能。同时，他对儒家学说也有很高的修养。他对国事十分关心，国家的刑名法度如果有不符合国情的地方，他就直言上谏，提出自己的建议。由于他的建议是来自实际调查，十分合理，因此大部分都被采纳了。因为政绩突出，后来他被调任辅佐太子登上皇位。鉴于他能行孝道，皇上还赐给他母亲很多生活用品。

后来，因为有一个叫侯景的作乱，到处烧杀抢掠。殷不害的母亲在逃难途中冻饿不堪，最后死在荒野中的山沟里。当时，正值隆冬时节，大雪纷纷，天寒地冻，他不知道母亲究竟在什么地方，他披星戴月，到处寻找。凡是发现山沟里有尸体，就不顾一切地跳下去，抱起尸体仔细察看，希望能找到母亲的尸体。就这样，他找了七天七夜，才发现了母亲的尸体。他十分悲痛地伏在母亲的尸体上失声痛哭，晕过去好多次。过路的人看见他的样子，很受感动，把他救醒，婉言劝慰，帮他把母体的尸体护送回家，妥善安葬。

殷不害的《灵禽幽卉图》

事后，他很想念母亲，常常痛哭而不能控制，饮食不进，身体渐衰。不久，他就辞官回家了。

孙思邈

——学医孝双亲

孙思邈（581—682），出生于京兆华原县一个木工家庭。

思邈年少时，见父亲患有雀目病（夜盲症），母亲患粗脖子病，非常着急。

一天，父亲边做木工活边问思邈："你长大了干什么？"他毫不犹豫地回答说："我长大了要当个医生，把您的雀目病治好，把妈妈的粗脖子病也治好。"父亲听了思邈一片孝敬父母之言，十分感动，沉思片刻说："好孩子，你要当医生，就不能像爸爸这样，斗大的字认识不了一石。咱家虽说很穷,但我就是累弯了腰,也要供你念书。明天你就上学去!"于是,小思邈就在村西一个土洞里开始了他的读书生涯。

孙思邈像

12岁时,父亲带他到药农张七伯家做药柜。思邈见张家院内到处是草药,心想:"这下父母的病可有治了。"就拜七伯为师。过了一段时间,思邈发现,七伯识不了多少字,只是懂得一些药性,会用几个土方子,而不懂医理。同时七伯也发现,思邈是个极聪明的孩子,自己不能耽误人家的前程,就诚恳地对思邈说:"从这往北走40里,是铜官县,我舅舅是那里有名的医生,这帙《黄帝内经》就是他送给我的,我读不懂,你拿回去好好读读,等长大些,去找我舅舅学医吧。"

17岁的思邈,为双亲治病心切,不畏路途遥远,终于来到铜官县,找到了那位名医,可这位医生不会治雀目病和粗脖子病。尽管如此,他还是不死心,硬是拜师学习了一年。一年以后回乡祷医,同时继续寻找治双亲病的方法。

一天,他给一个远道而来的病人治好痼疾,病人感激地说:"孙先生年纪不大,可医术超群,真是复生的扁鹊,再世的华佗啊!"思邈听了忙说:"哪里,哪里,我连父亲的雀目病、母亲的粗脖子病都治不好,哪敢与古代名手相比!"病人见他将双亲的病挂在心上,很受感动,想了想说:"我家住在秦岭里面,那儿粗脖子病人很多,我表妹就患了这种病,被秦岭之巅——太白山上的一位先生治好了。"思邈听了,欣喜若狂,忙问:"这位先生叫什么名字?"病人说:"叫陈元,是江南人。"

孙思邈一心想治好双亲的病,第二天就动身赶往太白山。200千米旱路,交通不便,其旅途艰难,是可想而知的。但是,孙思邈却以惊人的毅力战胜了旅途上重重困难,终于来到了美丽的太白山脚下,几经周折,找到了陈元。陈元并不是医生,他是从父亲那里学来的治粗脖子病的方法的。思邈满怀信心地住下来，一边行医，一边同陈元采药闲聊，有意探求治雀目病的方法。

一天，陈元边采药边说："我爹说，不知啥原因，雀目病待人不公平，专欺侮穷人，富人就不患这种病。"思邈听了，心里一动："看来穷人一定是缺少某种东西才患这种病的。如果让穷人也吃上富人吃的东西，说不定能治好雀目病。"于是他就叫一位病人接连吃了几斤猪肉，可仍不见好。他又翻药书，见有"肝开窍于目"一条，他想："如果给雀目病人吃肝，一定会奏效的。"于是他就给一位患者买了几斤牛羊肝吃。几天后，病人大有好转，又吃了一些，病人痊愈了！

思邈由此受到启发，进一步探讨粗脖子病的病因。几经调查研究，发现这种病同长期喝一种水有关，如何治疗，还须进一步研究。

有一次，一位猎人射死一只鹿，请思邈去吃鹿肉，他吃着吃着想起来："吃心补心，吃肝补肝。那么吃鹿靥能不能治粗脖子病呢？"后经试验，果然有效，而且羊靥也行。

孙思邈学医，不仅找到了治疗双亲病的有效方法，而且丰富了医学知识，为他后来成为隋唐时期杰出的医学家奠定了基础。

贺若弼

——成就父志

贺若弼（544—607），隋朝灭陈大将，复姓贺若，名弼，字辅伯，河南洛阳人。

他的父亲贺若敦，是北周时很有名气的将领。当时长江以北，北周与北齐以洛阳为界互相对峙。长江以南则是陈朝，北以北齐为邻，西与北周对峙。武成二年（560年），贺若敦奉命率兵渡过长江，占领了陈朝所辖的湘州（今长沙）。因为孤军深入，粮饷不继，一年后，他又被迫撤回江北。掌握北周大权的宇文护以失地无功为名，罢了贺若敦的官。自己本来有功，不仅没有得到奖赏，反而受到惩罚，贺若敦心里很不服气。心里有了怨气，嘴就到处说，因此激怒了宇文护，保定五年（565年），宇文护逼令贺若敦自杀。贺若敦临死时，把贺若弼叫到跟前，嘱咐说："我曾下决心平定江南，然而这一愿望没有得到实现，你应当完成我的遗志。我因为爱说而致死，你千万不可忘记这个教训啊。"说罢，就用锥子把自己的舌头刺出血来，作为告诫。这时，贺若弼已是22岁的青年人了。

贺若弼像

贺若弼少年时，胸有大志，为人慷慨，刻苦练武，勇敢不凡，同时又博览群书，在当时贵族子弟中很有名望。后来被齐王宇文宪所看中，让他到齐王府做记室，管理王府的文书。不久被封为当亭县公，官至小内史，成为皇帝亲近的一名官员，参与一些机要大事的处理。

建德六年（577年），北周武帝灭掉了北齐，完成了北方的统一，形成了和陈朝南北对峙的局面。大成元年（579年），周宣帝以大将韦孝宽为元帅，率军伐陈，贺若弼跟随出征。周军先后攻占了淮南的寿阳（今安徽寿县）、广陵（今江苏扬州）等数十个城镇，陈朝江北之地尽为北周所占有。在这次战斗中，贺若弼立了大功，史称这次战斗的胜利多出于贺若弼的谋划。战争结束后，周宣帝提升贺若弼为寿州刺史，改封襄邑郡公，镇守淮南。这为贺若弼实现父亲的遗志创造了条件。

周宣帝死后，大权旁落到丞相、外戚杨坚手中。以尉迟迥为首的大官僚发现了杨坚篡权的野心，便起兵发难。贺若弼因受到怀疑被押解到京师长安给软禁了起来。

杨坚平定反叛后。于581年，废掉宣帝的儿子周静帝，自立为皇帝，改国号为隋，称隋文帝。同时着手准备伐陈统一全国的准备工作。这时宰相高颖向他推荐贺若弼，建议加以重用。说："朝臣之内，论文武才干，没有人能比得上贺若弼。"隋文帝于是任命贺若弼为吴州总管，镇守广陵，肩负伐陈的重任。广陵和寿州、庐州是隋朝渡江伐陈的根据地，贺若弼喜出望外。因为实现父亲的遗志，完成国家的统一，施展自己雄才大略的千载难逢的机会终于到来了。到达广陵后，他抑制不住内心的兴奋之情，写了一首诗，赠给寿州总管源雄，诗中写道："交河骠骑幕，合浦伏波营；勿使麒麟上，无我二人名。"意思是说，你我统率水陆大军镇守大江之北，肩负伐陈重任，一定要在伐陈战争中取得功名。诗中的麒麟，是指汉武帝在长安未央宫内所建的麒麟阁，西汉宣帝时曾在阁里画霍光等11名功臣像。贺若弼引用这个典故与源雄互勉，充分反映了他以伐陈为己任的雄心大志和必胜信心。

贺若弼不忘父志，终于为隋朝的统一立了首功（攻占陈首都建康），而留名于青史。

沈季铨

——舍身救母

沈季铨，唐代洪州豫章人。他从小父亲就死去，是母亲把他抚养成人。

沈季铨自小就比一般小孩懂事，知道关心和体贴母亲。他听母亲的话，还能帮助母亲干力所能及的活。

他从不和别人争论计较小事，有人故意逗他、惹他，无理取闹，他从不生气，总是一笑了之。时间长了，有人问他："你怎么这样老实，懦弱无能呢？"他回答道："为人老实有什么不好呢？"那人很不理解，叹道："你也太不争气啦！"沈季铨只好把自己的想法都告诉他，说："我是很老实，但不是软弱可欺。我想的是事事都不叫母亲操心，不叫老人操心就是对老人的孝敬。你想想，和人家争吵起来，你说人家的不是，人家反过来也会说你的不是；你骂了人家，人家同样会骂你，使父母受到侮辱，这就是不孝敬了。孝敬父母，就必须做到自尊自爱，使父母免受侮辱。这样做能说是懦弱无能吗？"

贞观年间，一次，他陪着母亲到亲戚家去串门，在照料母亲过江时，天突然刮起了大风，船失去了控制，母亲不幸掉到江里了。风呼啸着，母亲来不及呼救就被浊浪卷入江底。"母亲!"伴着这带有惊慌、悔恨、痛心的呼号声,沈季铨纵身跳入江中。他奋力朝母亲游去,抱住母亲,曾几次将母亲举出江面。但终因风大、水深、浪急,没能救上来。母子一起沉入了江中。

过了一天,岸上的人才发现漂浮在江面上的尸体。打捞上来时,人们发现沈季铨的双臂仍紧紧地抱着母亲的躯体,分都很难分开。

在当地执政的都督谢叔方看着打捞上来的尸体,十分感动。为表彰沈季铨舍身救母、至死不息的品格,他着人买来棺材和祭品,岸边的父老也主动前来相助,把他们母子埋葬在江岸的高处,名之为"孝子坟"。

沈季铨奋不顾身抢救母亲、至死不息的孝行陶冶着一代又一代的后来人。

廉 范

——笃行孝道

廉范,字叔度,后汉京兆杜陵人。年少时,父亲在四川遭遇丧乱,客死在异乡。他长到15岁时,就急于去四川接父亲遗骨归乡安葬。当时的蜀郡太守,是他父亲原来的部下,拿出很多钱,资助他迎丧。他婉言谢绝,认为用别人的钱迎骨,是对父亲不孝敬。

他步行背遗骨到了葭萌,后又乘船于白水江(四川昭化县西北),不幸小船触礁,别人都弃物逃命,他却抱着遗骨不放,眼看就要被淹没于水中,其他船上和岸上的人被他的孝行所感动,便七手八脚地用绳索铁钩把他捞到岸上。经多方抢救,他才脱险。历尽艰难险阻,他终于把父亲的遗骨安葬在了家乡的土地上。

后来,他到公府当了府椽(文书),正赶上他的老师薛汉因参与楚王谋反而被杀。没有人敢出面收尸,廉范左思右想,感到无论如何也不能让自己的老师暴尸荒野,就冒着杀头的危险,前去收尸。后来被人告发,汉显宗特别恼火,问他为什么去收尸,廉范说:"薛汉谋反应该杀头,但他是我的老师,学生怎能让自己老师的尸体弃于荒野呢?收尸只是师生之情,绝没有其他任何原因,愿领受处分。"显宗知道他是廉颇的后代,也知道他和谋反无关,便放了他。从此,他得了个好义的名声。

永平(汉明帝年号)初年,他应陇西太守之请,当了功曹。到任不久,他就断定太守要蒙难入狱,便辞去了功曹,隐姓埋名,到洛阳去当了狱卒。时过不久,太守果然被押解到洛阳下狱。在狱中,太守得到了廉范的保护和无微不至的关照,少受了很多罪,内心十分感激。廉范说,你聘请我是情,我照顾你是义,人应该有情有义呀。后来直到太守死去,安葬完毕,他才离开洛阳。

廉范以孝义而出名,当了云中太守。这时正赶上匈奴入侵,他带领本部少数人马,孤军奋战,机智勇敢地打败入侵的匈奴。因功调迁蜀郡太守。到任后,顺从民意,兴利除弊,使蜀地百业俱兴,得到了百姓的拥护和颂扬。

廉范急功好义,忠勇报国,当时人们都说:孝是做人的根本,廉范孝敬父母,对朋友竭尽忠诚;在国家有难的时候,机智勇敢,不怕牺牲,报效国家;在看到百姓痛苦的时候,能施恩于民,兴利除弊。这都是他笃行孝道的具体表现啊!

古人云:"忠臣出于孝悌之家"。这话一点都不假呀!

蔡 襄

——替母完愿

在宋朝,有一位著名的大臣叫蔡襄。他为人忠厚正直,讲究信义,而且书法造诣也相当精深。后人论及宋代书法,素有"苏、黄、米、蔡"四大书法家的说法,其中的"蔡"指的就是蔡襄。

蔡襄的人品和才华之所以能为后人称道,除了他个人的努力外,也与他从小就受到良好的家庭教育有关。尤其是蔡襄的母亲,向来就很严格地教导蔡襄古圣先贤为人处世的道理,为他以后的发展打下了坚实的基础。

一次,蔡襄的母亲还在怀着蔡襄的时候,要经过一个叫洛阳江的渡头,坐船到对岸去。那时正是夏天,海风刮得很盛。刚开始过渡时,江水还比较平稳,就在船只行到中途的时候,忽然一阵狂风吹起,顿时波浪大作,水花四溅,船身晃动得非常厉害。

船上的乡亲们脸色大变,由于大家过分的惊慌使得船只更加摇晃了。蔡襄的母亲怀有身孕,内心虽然害怕,但还是显得很镇定。她安慰同船的乡亲们,不要沮丧,不可慌了神没有主见,越是紧急关头,越要强作精神,挺过难关。

突然,阴霾密布的天空中划过一道闪电,船上的人都听到空中发出一股强大的声音:"不要伤害蔡学士,不要伤害蔡学士。"这声音持续了三遍。船上的人都听到了,大家正觉得不可思议时,风浪立刻就止住了。

于是大家就慢慢回过神来,大家你瞧瞧我,我瞧瞧你,那眼神似乎都在问:到底谁是蔡学士啊,他可是我们的救命恩人呢!船家就一个挨一个地问,大家都不姓蔡。问到了蔡襄的母亲,大家才知道事情的真相,啧啧称奇。

于是蔡母就当着乡亲们的面,发愿说道:"我的儿子以后果真金榜题名做了学士,一定让他在此地筑一座桥,帮助过渡的人。"

后来,蔡母顺利生下蔡襄。蔡襄天资聪颖,又勤奋上进,长大了去参加考试,竟然考中了状元。朝廷给他封了官职,让他做家乡泉州地方的长官。蔡母在儿子飞黄腾达以后,虽然时隔多年,却没有忘记当初对着众人许下的愿。于是就催促蔡襄在公事之余加紧力度修造桥梁,以便早日造福百姓。

但是,洛阳江濒临大海,水深莫测,而且一月之中,几乎天天涨潮。潮来时,水雾遮天,波涛滚滚,有万马奔腾之势,很难施工。有时刚刚修好了一部分基座,却被突如其来的大潮给击垮了,而同时被大水淹死的工人也不少。蔡襄看着被大潮击坍的工程和疲惫不堪的工人们,心里很怜悯他们,就只好下令先停工。

尽管如此,蔡襄还是念念想着修桥利民。因此,他亲自请来了远近闻名的水利专家,带着自己的随从们来到江边勘查地形。

在认真仔细地察看了地形、分析了风向与潮汐间的关系之后,那些专家们都摇着头,劝蔡襄取消这项工程,因为海边潮汐的到来是一天也不停止的。有时候情况稍微好一点,也只能维持一天的歇潮期,到了第三天,大潮就如期而至;而要想修桥,先要夯基,但就算集中了最优秀的建筑师,招募了最能干的工人,也需要七天的时间才能将基座夯扎实啊。

蔡襄听了他们的话,就沉默不语。回到家中,蔡母见他分外忧愁,就问他什么原因。蔡襄如实以告。蔡母就对他说:"我们的先祖有向海神祷告的风俗,你可以拟一份疏文,择一个好的时日,去海边进香焚疏,虔诚地把事情的原委告诉海神,让他体恤你,停止潮汐一段时间,让你有足够的时间启动工程。"

蔡襄听了母亲的话,就照着去做了。果然,因为蔡襄替母亲完愿的心思非常殷切,海神被他至诚的真心和敦厚的孝心打动了,便停止涨潮达八日之久,这在以前是很难遇到的。于是,蔡襄就命令工人在这八天里赶紧动工,先把基梁打好,然后,修建余下的工程就快多了。不出一个月,桥就落成了,百姓欢庆,对他感恩戴德。蔡襄为民造福的美名也被广泛流传。

蔡襄书法

蔡襄能够不忘母亲的心愿,时时以母愿为己愿,真正做到了孝顺;他又能替母亲完成信义,履行母亲当年许下的诺言,这又做到了信;在自然环境很恶劣的情形下,克服困难,排除险阻,修好桥梁,造福一方百姓,真是千古史册留芳名。

黄庭坚

——亲涤溺器

宋朝的时候,有一个大诗人叫黄庭坚,表字鲁直,别号山谷,还有个别号叫"双井老人"。

黄庭坚自幼孝顺父母。对于侍奉父母之事,无论大小,他都会认真努力做好,从来没有推辞拒绝过。黄庭坚从小也十分勤奋好学,23岁时就考中了进士。元祐年间,他又做了太史官。黄庭坚一生不仅为官服务朝廷,造福天下百姓,而且还专心致力于道德学问,以非凡的文学艺术造诣为后世留下许多著作。

黄庭坚画像

黄庭坚做太史时,公务十分繁忙。虽然家里也有仆人,而他却不辞劳苦,依旧亲自来照顾母亲的生活点滴,从不懈怠。每天忙完公事回来,他一定会亲自陪在母亲的身边,以便时时感受母亲各方面的身心需要,并且亲力亲为地精心伺候着母亲,事事都力争达到母亲欢喜满意。

母亲有特别爱卫生的习惯,因为那时候的房子里没有卫生间,所以人们为了夜里方便如厕,通常都准备一个应急的便桶。黄庭坚为了保证让年迈的母亲身心安泰,避免因为仆人的卫生清洁达不到母亲的要求,而导致母亲心生烦恼,他就坚持每天亲自为母亲刷洗便桶,数十年如一日,从不间断。

黄庭坚的做法曾引起一些人的好奇和不理解。有一次,有人问黄庭坚:"您身为高贵的朝廷命官,又有那么多的仆人,为什么要亲自来做这些杂细的事务,甚至还亲手做刷洗母亲便桶这样卑贱的事情呢?"

黄庭坚回答说:"孝顺父母是我的本分,同自己的身份地位没有任何关系,怎能让仆人去代劳呢? 再说孝敬父母的事情,是出自一个人对父母至诚感恩的天性，又怎么会有高贵与卑贱的分别呢？"

黄庭不仅为官时一心报效朝廷，服务百姓，同时也通过书法和文学等才艺上的成就，向世人无声地彰显着圣贤人的德行风范，在潜移默化之中，用他的作品影响着后人。

黄庭坚草书作品

他的书法中宫紧收、四缘发散，体现着内方外圆的处世之道。他的诗文出自本性流露，使人读后有"浑然天成"之感。诗人苏东坡曾经赞叹他说："黄庭坚的诗可谓'独立万物之表'。"意思是说：他的诗可以屹立于文坛，万世都不灭其光。

自古以来，上至国家君王，下到平民百姓，都是以孝敬父母为修身立德的根本。今天随着客观物质环境的发展变化，人们往往因为所谓的"繁忙"，而过多依赖自己所拥有的外在物质条件，进而取代自己为人子女应尽的本分，甚至将孝道"代理"出去。

当我们用大把的钞票或佣人，取代我们孝敬父母的本分时，可曾想到：倘若父母在我们小的时候，也用钞票和佣人来将对我们的那份慈爱与呵护"代理"出去，今天的我们会不会有如此健康的身心呢？

忆古思今，黄庭坚能够效法古圣先贤的德行，不受外界环境影响，做到恪尽子道，至诚孝敬父母，相信今天的我们，同样能够力行孝道，给父母一个安康幸福的晚年。

孔子在《孝经》中说："孝子之事亲也，居则致其敬，养则致其乐，病则致其忧，丧则致其哀，祭则致其严。五者备矣，然后能事亲。"可见，孝敬父母之事不分大小，唯有出自本心的恭敬，方能做得圆满。

"若根得水，枝叶花果悉皆繁茂。"这是自然的大道。若让我们的生活事业都能枝繁叶茂、硕果累累，唯有从孝爱我们的生命之根——父母、祖先做起。

朱寿昌

——弃官寻母

朱寿昌是宋朝时的人，他七岁的时候，他的生母因为被嫡母嫉妒，被赶出家门另嫁他人。从此寿昌就和生母分离了。

寿昌从小就失去了母爱。他看到别的小朋友都有母亲在身边，天天嘘寒问暖，疼爱有加，非常地思念自己的母亲。每到初冬，别的小朋友的母亲早早地为自己的孩子做好了棉衣，可是寿昌的生母却不在；当别的小朋友心中有了委屈，可以依偎在母亲怀里撒娇时，可是寿昌却不能。试想一下，没有母亲的朱寿昌，是多么盼望能像别人一样，可以经常依偎在母亲的怀抱里。

寿昌就在这样的环境中长大，他一直努力读书，后来当了官。虽然生活很富足，可是天下哪有不思念父母的儿子呢？所以他一直明察暗访，希望能找到自己的母亲。

50年来，寿昌几乎日以继夜地思念、惦记着远方的母亲，思念之情每每言及就泣不成声。他是多么希望自己可以亲自服侍母亲，让母亲重享天伦之乐啊！可是寿昌多方打听，都没有办法得到母亲的下落。

后来到了神宗的时候，他感觉自己年纪已经大了，母亲不能奉养在旁，心里感到非常的遗憾。可是茫茫人海千里迢迢，去哪里寻找母亲？他想再不找到母亲，怕是没有机会了。所以他就断然辞去官职，要亲自外出去寻找他的母亲。

因为寿昌此时的年纪也大了，家里人也不放心他，都来劝阻，可是寿昌坚决地对家人说："如果见不到母亲，我就永远都不回来。"他远到秦地（也就是现在陕西省）寻母。他抱定必死的决心，一定要寻找到他的母亲，与自己共享天年。

寿昌一人在外，人生地不熟，遇到很多险阻，非常艰辛，可是，困难丝毫没有动摇他寻母的念头。相反，他想到和母亲分别了50多年都不可以

团聚，就更坚定了寻母的信念。他走
到哪里打听到哪里，天天祈祷。

千里寻母

终于，到了同州这个地方，奇迹出
现了。就在这里，他辗转得知母亲的
下落。这个时候母亲已经七十几岁
了，依然健在。分别五十多年，母子相
聚，相拥在一起，多少悲欢离合啊！母
子俩50多年骨肉团聚的心愿终于实
现了。寿昌非常高兴，把母亲迎回家里同住，很是孝顺。全家过着幸福
的生活。

朱寿昌与母亲分离长达50多年，在如此漫长的岁月中，能始终保持
对母亲的孝心不变，实为赤诚孝心的真情流露。谚云："孝感天地。"朱寿
昌母亲50年下落不明，到最后，靠朱寿昌坚定的寻母誓愿和毅然辞官、不
畏艰难的找寻，终使骨肉团圆，竭尽孝道，是多么的令人感动。

与朱寿昌相比，我们这些为人子女者，能有服侍孝养父母的机会是
何等的幸运！把握住在父母身边的日子，用心尽孝，莫让"子欲养而亲不
待"的痛苦和悔恨啃噬自己的心。

岳 飞

——忠臣孝子

岳飞生来还没满月，黄河决口了，洪水吞没了他的家乡。他和母亲
被父亲放进大缸中随水漂流。父亲被水淹没了，不知所踪。他和母亲坐
在大缸中，漂流到内黄县境，才被救上岸来，在内黄县麒麟村住下来。

7岁时，母亲开始教他读书写字。没有书，母亲到大户人家去借；没
有纸笔，母亲用小木棍在沙地上教他写。岳飞学习努力，每天除了捡柴、
帮母亲做家务外，余下的时间，就是勤苦学习、锻炼身体。读书使人聪
明，锻炼使人强壮。岳飞在母亲和恩师周侗的教育下，茁壮地成长着，文

武双全。

周侗能文能武，在当地很有名气。他发现岳飞聪明勤奋，便主动地收他做学生，教给他刀枪、弓、马、箭术和言诗立说。不到20岁，岳飞就能拉开150千克的弓。而且左右开弓，箭不虚发。岳飞把师傅的全身功夫都学到了手里，并加以发扬。周侗死后，岳飞按时祭扫坟墓，不忘老师的教诲之恩。

岳飞家里很穷，勉强能维持温饱，但这些从来没有动摇过他苦练武艺，报效国家的志愿。一天，有个太湖匪徒，改名换姓带着大量金银来拉拢他。岳飞发觉后，当即把金银原封不动地退还给他，送他走了。母亲知道这事后，马上在祖宗牌位前，摆上香案，让他脱下上衣，磨好墨，拿笔在他背上写了"精忠报国"四个字，还怕他忘掉，又用针刺在他背上。

岳飞对母亲特别孝敬。他跟金兵作战时，母亲随逃难人群流落河北。岳飞闻讯后，马上派人到河北寻找母亲，接到安全地方，竭力孝敬母亲。母亲病了，他亲自伺候，端水拿药，目不交睫，衣不解带，不离母亲身旁。一直到母亲死去，从不厌倦。

岳飞听从母亲的教导，率领岳家军抗击外敌入侵，收复河山，救平民百姓于水火，战功卓著，虽受奸臣秦桧的陷害致死，但精忠报国之心不变，成为名垂千古的抗金英雄。后人称他是真正名传千古的忠臣孝子。

朱丹溪

——改行学医

朱丹溪，1281年生于浙江省义乌县。幼年丧父，与母亲相依为命。少年时代的朱丹溪，深知母亲的难处，非常体谅母亲。母亲无力供他上学读书，他就自学。白天帮助妈妈干活，晚上挑灯读书。家中没钱买书，他就去村上一户藏书多的人家去借。就这样日积月累，他学到了很多，青年时代就已才华出众，成为当地一位学识渊博的人。

邻里见他学问过人，劝他考科举，弄个一官半职的，日子也好过，又能光宗耀祖。但朱丹溪对此从未动心，因为他一心想着致力于科学技术的研究。可是，朱丹溪后来却改学医学了，这是为什么呢？

朱丹溪雕像

朱丹溪30岁的时候，与他相依为命的老母患上了严重的胃病，朱丹溪甭提有多着急了，他到处寻医问药，请了很多医生给母亲治病，可母亲的病始终不见好转。

朱丹溪见母亲病痛的样子，心里十分难过，于是他暗下决心，改学医学，亲自为母亲治病。从此，他日以继夜地钻研医学，如《内经》《难经》等，并努力研究"望、闻、问、切"的诊病方法，研究胃病的常用药物。他不畏劳苦，亲自上山采药，亲自炮制。为安全起见，药熬成后他先亲自尝试，体味药性，然后才给母亲喝。

功夫不负有心人。朱丹溪就这样，经过整整5年时间，竟奇迹般地把母亲的病治好了。乡里人都夸他是个大孝子，他母亲也为有这样孝顺的儿子而感到宽慰。

"老吾老以及人之老"，朱丹溪见母亲的病治好了，决定要给更多的人解除病痛。于是他一方面继续自学医学，一方面寻访名师。一天，他终于打听到一位叫罗知悌的医生，医术很高明，就亲自登门拜师请教，而罗知悌拒不收徒。朱丹溪经过3年的努力，才被收入门下。

这样，朱丹溪在名师罗知悌的精心指导下，没过几年，医治病人就达到了药到病除的程度，很快就成为一位远近闻名的医生。

戚继光

——牢记父训

明代抗击倭寇入侵的民族英雄戚继光出身于世代将门之家。父亲戚景通是一位久经沙场、屡立军功的老将。56岁时才生下一子，取名继光。老将军晚年得子，对继光十分钟爱，但教子极严。

戚继光 12 岁时，有一天练武回到家中，见工匠们正在修理厅堂。一个工匠对他说："你家世代做官，戚将军功名不小，照例该造一间 12 扇雕花窗的大花厅，现在你父亲只修一间 4 扇窗的厅，未免太节省了。"

戚继光听后对父亲说："工匠说父亲官职不小，为什么不修造一间雕花窗的大厅呢？"

父亲摇了摇头说："你小小年纪就贪慕虚荣，将来我这份产业到你手里怕保不住呢！你想想，工匠的话对不对？"

戚继光从小聪明，一下就明白了父亲话里的意思，回答说："孩儿听从父亲教诲，实在不该听工匠的话。"

第二年，家中要给戚继光订亲。女方家中送来一双非常昂贵的绣鞋，戚继光见了这双鞋，翻来覆去看不够。母亲说："看你这般

戚继光像

喜爱，就拿去穿吧！"他穿上绣鞋走到父亲书房，高兴地问："父亲，你看这双鞋漂亮吗？"父亲一见皱起眉头，严肃地说："我上次为修大厅的事就对你说过，不要贪图享乐，你现在又犯了！一双绣鞋虽小，但如果你爱慕虚荣享受之心不改，将来当了将军不爱财贪污才怪呢！"

戚继光听了红着脸把绣鞋脱掉，说："孩儿知错了，这双鞋我绝不再穿了。"

父亲又问他："宋代岳飞曾说过什么话？"

"文官不贪财，武官不怕死，国家就兴旺。"

"对，你要终生牢记这句话！认真读书，苦练武艺，才能为国立功，干一番大事业！"

几年后，戚继光成为一名文武双全的青年军官。这时父亲正埋头著一部兵书，有人劝戚景通晚年要多置买些田产好留给后代，他听了对继

光说:"你知道父亲为什么给你取名继光吗?"

"要孩儿继承戚家军名,光耀门第。"

"继儿,我一生没有留给你多少产业,你不会感到遗憾吧!"

戚继光指着厅堂上父亲写的一副对联:"授产何若授业,片长薄技免饥寒;遗金不如遗经,处世做人真学问。"他读了一遍后说:"父亲从小教我读书习武,还教我怎样做一个品德高尚的人,这是给孩儿最宝贵的产业,孩儿从未想过贪图安逸和富贵,我想早些让父亲看到我将来像岳飞建'岳家军'一样,创立一支'戚家军'。"

戚景通听了心中十分宽慰,笑着对儿子说:"我这部兵书已经完成了,现在我要传给你。这是我一生的心血,将来你用它报效国家吧!"

戚继光跪在地上,双手接过这部《戚氏兵法》说:"孩儿一定研读这部兵法,不管将来遇到什么艰难险阻,我也不会丢弃父亲的一生心血。"

戚景通在72岁时患重病去世,戚继光接到噩耗从驻防地赶回家中奔丧。他在父亲坟上哭着说:"继光一定继承您的遗志,为国尽忠,赴汤蹈火,在所不辞!"

嘉靖三十四年,朝廷命戚继光为金浙江都司,负责抗倭。他组织"戚家军",在6年中九战九捷,威震中外。他曾对人说:"我能抗倭取胜,全靠我父亲在世的谆谆教诲啊!"

谢定住

——打虎救母

谢定住,明代大同广昌人。12岁时,父亲外出经商,家里只有他和母亲带着一个吃奶的小弟弟。

一天过午,母亲叫定住把小牛牵到后山坡去吃草。他牵着小牛,走上山坡,选了一块草木茂盛的地方,停了下来。定住抚摸着心爱的小牛,看它在老老实实地吃草,便自己跑下山去,帮母亲干活。

打虎救母

太阳快落山了,小定住想起小牛来,就急匆匆地跑回了山坡,看到小牛不见了。这下子小定住可傻了眼,急得两眼直冒火星。这时母亲因不放心也抱着弟弟来了。娘俩一商量,决定到山上去找。

母亲抱着弟弟走在前头,小定住拖着棍子紧跟在母亲身后。越走山越险,草越茂,娘俩心越急,天色越来越暗。突然从深草丛中跳出一只老虎,张着血盆大口,向母亲扑去。在这万分紧急的时刻,不容小定住多想,他拿起棍子,猛向虎嘴戳去,正好刺进虎嘴。猛虎呼啸着,晃着脑袋逃了。母亲吓呆了,小定住接过弟弟,扶着母亲,赶忙往山下跑去。这时老虎又追了上来,眼看老虎就要咬伤母亲了,小定住一手抱紧弟弟,一手抡起棍子,使足了力气,朝老虎打去,正好打在老虎的嘴巴上,老虎又松开母亲逃走了。没走上几步,老虎又转回来了,拦路趴在地上去咬母亲的脚,母亲奋力抵抗着。正巧路边有堆石头,小定住捡起一块拳头大的石头,尽全力朝老虎的脑袋砸去,老虎疼得大吼了一声,径直向一个山沟里逃去。小定住保护着母亲和弟弟,平安地回到了家中。

走进家门一看,小牛正趴在槽下倒嚼呢。原来它跑到了人家的庄稼地里,被邻家给赶回来了。看着小牛,母亲真后悔带着孩子到山里去,多险啊。

谢定住打虎救母的事迹从此传开了，永乐十二年，皇帝召见了谢定住，并嘉奖了他，还给他家送了一块"打虎救母"的匾。

陆 蓁

——诵诗救父

明朝末年，清军南下攻打平湖，平湖军民奋勇抵抗，结果因寡不敌众，城池被清军攻陷，明军很多将士阵亡，也有一部分兵士被清军俘虏。这些被俘的明军士兵被押解到一所寺院里，由一队全副武装的清兵监押起来。寺院守卫很严，内外布满岗哨，杀气腾腾，平民百姓谁也不敢靠近。

第二天一早，寺院前来了个五六岁的孩子，哭着喊着要进寺院，说是要见他父亲，守卫的士兵把他抓起来带去见将军。那位将军样子倒没有士兵那样凶，他见抓来的是一个小孩子，而且这个孩子眉清目秀挺可爱的，就和颜悦色地问他叫什么名字，又问他为什么要闯军营，孩子说他叫陆蓁，父亲是守卫平湖城的明朝兵士，现在被监押在寺院里，他是来探望父亲的，还说他愿以身代父在寺院里被监管，只求将军能释放他的父亲。将军见陆蓁口齿伶俐，就问他读过书没有，陆蓁说读过。于是将军提起笔来在自己手上写了两行诗，然后伸出手掌让他看，还对他说："这首诗你如果能读下来我就放了你的父亲。"陆蓁毫不犹豫地朗诵道："收兵四解降王缚，教子三升上将台。"朗诵完之后还解释说这是宋朝人当时赠给曹武惠王的诗，称赞他用兵如神而不乱杀无辜。陆蓁解释完后又对那位将军说："将军你如果能不杀俘虏，你也会像曹武惠王一样受到百姓的赞扬。"将军听了之后非常高兴，当场释放了他的父亲，让他们父子团聚。

陆蓁中了进士之后，被授予国史馆编修的职务，并且参加编撰《明史》。有一次，康熙皇帝玄烨在丰泽园考核朝中官员。他先是测试论文，之后又测试诗歌，结果，两场测试陆蓁都取得了第一名。康熙皇帝非常高兴，当着各位大臣的面夸奖陆蓁是朝中诸臣的佼佼者。

乐文德

——赤足奔父丧

乐颐,字文德,南阳涅阳人。他少年的时候,无论是说话或做事都十分谨慎小心,待人接物也特别和蔼诚实。家里人看他这样,个个心里乐滋滋的;邻里们见他如此,人人夸赞他一定是个有出息的好孩子。他读书十分勤奋,诸子百家,儒墨法杂,无不通晓。长大以后做了京府参军,由于他能力超群,秉性忠厚,在任期间深得上司的赏识,也深得同僚们拥戴。后来,他父亲在郅州家里病故,乐颐得到噩耗以后,急急忙忙跑到上司那里请假回家奔丧。由于思亲情切,半路上他常常哭得死去活来。他想起父亲对他的养育和教诲,想起自己的成长过程,每一步都深深地印着父亲苦心的痕迹。路上,他嫌车子走得太慢,索性跳下车子,飞一样向家乡的方向跑去。可由于感情太悲怆,没跑多久,他就累得晕倒了,醒来以后,他才发现鞋子跑丢了,脚也磨破了,血糊糊的。一个商贩看他累得实在太可怜,问明原因以后,强拉着他坐上了拉货的大牛车。就这样,他一路上忧心如焚,几经周折,总算回到了家里。

乐颐年轻的时候曾经得过一场重病,他被病痛折磨得白天坐不稳,黑夜睡不安。白天,他常常躲在院子的角落里装做干活的样子,为的是不让老母亲为他担心。夜里,因为他的卧室跟他老母亲的居室只是一墙之隔,为了不让老母发现他的病情,于是强忍住剧痛,决不发出一声呻吟;有时他站起来走动,脚步也是轻轻的;有时他咬住被子,握紧拳头,强制自己躺在床上,所以他盖的被子也被他咬碎了一大片。在他患病期间,他也跟平时一样,按时问候母亲的起居饮食,从来没有间断过。

泮周岱

——深夜登山取泉水

清朝安徽省泾县有个做竹器的工人,叫泮周岱,是个有名的孝子。

他年轻时和父亲同在一个竹器厂做工，手工业工厂里的活时轻时重，每天领活时，他都把父亲领来的重活，拿来自己干，轻活留给父亲去干。

父亲年纪大了，工厂主就把他打发了，全家只靠泮周岱一个人在竹器厂挣钱来维持生活。他拼命地干活，尽全力多挣些钱，好让父母欢度晚年。

竹器厂主人为了让工人多干些活，有时拿出酒肉来犒劳工人。泮周岱总是舍不得吃，每次都把自己应得的那份，全都带回家去给父母吃。工厂主听说了，拍着泮周岱的肩膀说："泮周岱，你是个孝子，好样的，我今后不会亏待你的。"

平常家里吃饭，他总是让父母先吃，然后自己才吃。遇到粮食紧缺时，总是先让父母吃好，自己经常吃糠咽菜，省下粮食，供养父母。

后来，母亲病了，他侍候母亲不离左右。母亲年轻的时候，家住在一座山下，山间有泉，母亲曾喝过这清泉的水，觉得特别清凉解渴，后来一直不忘。这次母亲病重了，半夜口渴，又想起那清泉的水，就自言自语地说："小时候，房后是一座大山，山上有口清泉，那水特别好喝，真想再喝一次那泉中的水呀。"有心的泮周岱听在耳里，急在心里，马上拿个瓶子，上路了。山高月黑，石路难行。他心急如火，奋力攀登，终于找到那口泉水了。他手里拿着满瓶的清泉水，欣喜若狂，恨不得飞到母亲身边。他一路小跑，终于在天刚亮的时候赶到了家，往返20多千米路。

喝着清新的泉水，母亲心里格外地甜，这水中有儿子的孝心呀。

泮周岱深夜为母取泉水的事，不翼而飞，传遍了乡里。穷苦竹工泮周岱孝敬父母的事迹，后来受到了清政府的表彰。

著名孝女

缇 萦

——上书救父

仓公,又称太仓公,姓淳于名意(前205—前140),是临淄人,因为做过齐国太仓长,管理都城仓库,所以习惯上称他为仓公。

淳于意拜名医阳庆为师,阳庆传他"黄帝、扁鹊之脉书,五色诊病"等医学知识。他学了3年后,就给人治病,能预知病人生死,一经投药,没有不痊愈的,因此远近闻名。淳于意不愿意跟做官的来往,也不会拍上司的马屁。没有多久,就辞了职,当起医生来了。

淳于意切脉已经达到神乎其技的程度。如齐国侍御史成自述头痛,淳于意为他诊脉,诊断为疽症,他的病内发于肠胃之间,因贪酒所致,5天时就会肿胀,8天时便呕脓而死。果然不出他所料,成于第八天因呕脓而死。

由于求医者众,而淳于意又不常在家中,所以,病家常失望而归。时间长了,求医者开始不满愤懑起来。由于淳于意能预知生死,有的病人就无药可医,病人就责怪他不肯医治,以致病人死亡。怨气积久了,终于酿成祸患。

有一次,有个大商人的妻子生了病,请淳于意医治。那病人吃了药,病没见好转,过了几天死了。大商人仗势向官府告了淳于意一

缇萦上书

状,说他是错治了病。当地的官吏判淳于意"肉刑"(当时的肉刑有脸上刺字、割去鼻子、砍去左足或右足等)。按西汉初年的律令,凡做过官的人受肉刑必须押送到京城长安去执行。因此,仓公将被押送到长安受刑。

淳于意有5个女儿,没有儿子。淳于意临行时,女儿们都去送他,哭

成一团。淳于意看着 5 个女儿,就长叹着说:"生女不生男,遇到急难,却没有一个有用的。"

听了父亲的叹息,几个女儿都低着头哭,只有最小的女儿缇萦又是悲伤,又是气愤。她想:"为什么女儿偏没有用呢?"于是缇萦提出要陪父亲一起上长安去,家里人再三劝阻也没有用。就这样,缇萦和父亲淳于意一起动身去京城长安。

缇萦一路上细心照顾父亲的生活起居。临淄距长安 1000 多千米,一路上父女俩风餐露宿,尝尽人间辛酸。好不容易到了长安,淳于意马上被押入监狱中。

为了营救父亲,缇萦上书汉文帝为父求情,请求做奴婢替父赎罪。上书中这样写道:"妾父为吏,齐中称其廉平,今坐法当刑。妾切痛死者不可复生而刑者不可复续,虽欲改过自新,其道莫由,终不可得。妾愿入身为官奴婢,以赎父刑罪,使得改行自新也。"意思是:我父亲做官的时候,齐地的人都说他是个清官。这回他犯了罪,被判处肉刑。我不但为父亲难过,也为所有受肉刑的人伤心。一个人砍去脚就成了残废;割去了鼻子,不能再安上去。以后就是想改过自新,也没有办法了。我情愿给官府没收为奴婢,替父亲赎罪,好让他有个改过自新的机会。

汉文帝看了信,十分同情这个小姑娘,又觉得她说得有道理,就召集大臣们,对大臣们说:"犯了罪该受罚,这是没有话说的。可是受了罚,也该让他重新做人才是。现在惩办一个犯人,在他脸上刺字或者毁坏他的肢体,这样的刑罚怎么能劝人为善呢? 你们商量一个代替肉刑的办法吧!"

大臣们一商议,拟订一个办法:把肉刑改用打板子。原来判砍去 1 双脚的改为打 500 板子;原来判割鼻子的改为打 300 板子。汉文帝就正式下令废除肉刑。这样,缇萦就救了她的父亲。

汉文帝废除肉刑,看起来是件好事。但是实际执行起来,却是弊病不少。有些犯人被打上 500 或 300 板子,就给打死了,这样一来,反而加重了刑罚。

后来到了他的儿子汉景帝时,才又把打板子的刑罚减轻了一些。

缇萦上书救父的孝行,万古流芳,成为后世孝道的典型。而汉文帝关心百姓疾苦,减轻刑罚的做法也得到了后人的称赞。

班固有诗赞缇萦:

> 三王德弥薄,惟后用肉刑。
>
> 太仓令有罪,就递长安城。
>
> 自恨身无子,困急独茕茕。
>
> 小女痛父言,死者不可生。
>
> 上书诣阙下,思古歌《鸡鸣》。
>
> 忧心摧折裂,晨风扬激声。
>
> 圣汉孝文帝,恻然感至情。
>
> 百男何愦愦,不如一缇萦。

蔡文姬

——为父续书

蔡邕是东汉末年的名士,他学识渊博,精通经史、音律、天文,又以文章、诗赋、篆刻、书法盛名于世。豪强董卓专权时,为笼络人心,请他出来做官,对他十分敬重。两天连升三级。后董卓被王允所杀,蔡邕从此不得志。

蔡邕有个女儿,取字文姬。她从小聪明伶俐,因受父亲影响,十几岁时就通琴棋诗书。

一次,她听到父亲在书房里弹琴时断弦,就走出来说:"父亲,你的琴第二根弦断了吧?"父亲以为她偶而猜中,待她离去后又故意将第三根弦拨断,

小人书中的蔡文姬

又问女儿,文姬回答得一点不错。从此,蔡邕把她视作掌上明珠,亲自教她诗文、音律,有时父女俩一起作诗唱和。文姬不仅敬重父亲,而且十分孝顺。父亲写字,她在旁研墨;父亲生病,她煎烧汤药,日夜侍奉在侧。

文姬长大后，嫁给河南卫仲道为妻。不久，丈夫病死，她就回家守寡。父亲死后，母亲因过度悲伤，也跟着去世了。从此，蔡文姬孤身一人回到故乡陈留，一心整理父亲的著作。

《胡笳十八拍》

董卓死后又发生李傕、郭汜的混战，长安一带百姓到处逃难，蔡文姬也跟着难民流亡。一次，她在途中被一支趁火打劫的匈奴兵掳走献给左贤王。左贤王见她貌美多才，十分怜爱，纳她为妃子。

蔡文姬忍辱含屈在匈奴住了 12 年，好在左贤王对她十分体贴，又生下了一男一女。但她仍日夜缅怀父亲和中原故国，经常对月弹琴，用琴声寄托对父亲的思念之情。

公元 216 年，曹操统一了北方，在邺城当了丞相，封为魏王。他想起了 10 多年前的故友蔡邕，并得知蔡文姬在匈奴的消息，便派董祀为使节，带着大批金银财宝去赎蔡文姬归汉。

蔡文姬听得曹丞相派人来接她回中原，心中十分矛盾。返回故国是她日日夜夜的梦想，但又不忍离开两个子女，就央求左贤王让她把孩子带走，即使带回一个也行。左贤王说："曹丞相派使者要你回去整理你父亲的遗著，单于已经同意了，我只得遵命，但孩子是匈奴人，我绝不能让你带走。"

为了实现父亲生前的遗愿，蔡文姬忍痛离开一对心爱的孩子，随着董祀走了。

到达长安郊外父亲的墓地时，蔡文姬长跪在墓前失声痛哭，又弹唱了自编的《胡笳十八拍》。歌词中寄托了她缅怀父亲养育之恩的深情，抒发了自己在与百姓颠沛流离中的哀伤，在旁的董祀听了潸然泪下。蔡文姬对董祀说："父亲早年得罪了宦官，被流放到朔方；逃脱了厄运回到洛阳后，我们父女俩相依为命。我失去了丈夫后又失去了父母，在战乱中流落匈奴，我一生的命运与父亲一样悲苦。这次回到中原，我一定要遵从父亲的遗愿整理他的遗稿，否则我就成为不孝的女儿了！"

蔡文姬到了邺城，曹操为她与董祀完婚，还送给他们一所房子和两名奴婢。一天，蔡文姬前来答谢曹操，曹操问她："听说夫人家有不少蔡邕先生的书籍文稿，现在还保存着吗？"

蔡文姬叹了口气说："家父生前留下 4000 多卷书，可惜几经大乱，全都散失了，不过我还能背出 400 多卷来。"

曹操听得她能背出那么多，高兴地说："夫人真是一代才女！你要把它写出来，这可是一笔珍贵的财富啊！"后来，蔡文姬在家中悬挂起父亲的画像，花了几年时间，把她所能记住的几百篇父亲的文章默写下来，还续写了《后汉书》，实现了父亲的遗愿。

花木兰

——替父从军

花木兰是我国古代一名女英雄，她替父从军的故事流传千古。

木兰出身在北魏后期亳郡谯县（今河南商丘）的一户农家，父母都已年老，靠她和姐姐织布为生。木兰小时曾跟着父亲念过几年书，除了织布，她还爱骑马射箭，练得一身好武艺。

孝烈将军花木兰

那时北方少数民族屡屡侵犯中原，战事频繁，人民生活极不安定。

一天，木兰一人在家织布，突然闯进几个差役，送来衙门发下的征兵军帖，要木兰父亲去应征当兵。差役走后，木兰心里一直不能平静：父亲已年过半百，怎能去打仗？弟弟又太小，根本不懂事。怎么办呢？

木兰愁得连织布也没有心思……

不一会儿，父亲从外边回来，听不到木兰房中那熟悉的穿梭声，却传来女儿的阵阵叹息。他走进机房，问女儿：

"兰儿，你怎么啦？身体不好就别织布了。"

木兰见父亲问她，连忙打起精神回答："爹，我没怎么。昨天我看到衙门布告，刚才衙门里又送来军帖，爹已列入应征名单。"说着把一份军帖递给父亲。见父亲拿着军帖低头不语，木兰接着说："我想来想去，木兰没有兄长，弟弟又年小，女儿想代爹去从军，又舍不得离开爹娘……"

"兰儿，你真是一个孝顺女儿……但你是个女子，怎能从军呢？招兵的怎会收留一个女孩呢？"

"我想过了，可以女扮男装！"父母知道女儿决定了的事很难改变，但他们怕女儿受不了行军打仗之苦，心里实在舍不得她走。木兰含泪拜别父母，踏上了征途。

木兰是一个勇敢坚强的女子，她很快习惯了军队生活，一心在战场上杀敌立功。

行军作战的艰苦，木兰都能忍受，她害怕的是自己女扮男装的秘密被人识破，所以处处加倍小心。白天行军，她动作迅速，从不掉队，夜晚宿营，她和衣而卧，不脱军装；遇见敌军，她冲杀在前，毫不退缩。转眼10个年头过去了，没有人知道她是女儿身。

战争终于结束了，队伍凯旋，朝廷对将士们依功奖赏。木兰屡获战功，但她既不想做官，又不要财物，她只希望赏给她一匹快马，好早日回家和父母亲人团聚。上司满足了她的要求，并且派她的同伴护送她回家。

动画片中的花木兰

木兰千里迢迢回到家乡，一家人高兴极了。父母相互扶持着到城外迎接女儿回来，阿姐和小弟杀猪宰羊，准备酒席。

木兰回家头一件事便是到自己的闺房里脱下战袍，换上昔日的女儿装，梳理好姑娘发辫，还贴上金色的花黄饰品。当她走出房间向同伴道谢时，同伴大吃一惊："啊！同行12年，想不到你木兰竟是个女子哟！"

木兰替父从军的事迹传开以后，当地的人们编成歌谣赞颂她，夸她是爱国家、孝双亲的女英雄。至今，在河南虞城周庄村南郊还保存着一座木兰祠，每年四月初八，乡亲们常来此地纪念这位古代的孝烈女子。

吴孙氏

——劝夫孝继母

明朝时期，有个姓吴名子恬的人。他的后母唐氏喜欢自己生的儿子，虐待子恬。继母对吴子恬真是很刻薄，每天叫他干活不说，三餐给他吃的是窝头咸菜，穿的又是旧衣旧鞋，连他想去读书赶考，都不让他去。在冷嘲热讽一番后，只叫他在家里干活。当吴子恬的父亲回来后，继母却又在丈夫面前说子恬坏话，害得吴子恬平白无故又遭了父亲一顿打。

吴子恬每天辛苦不说，平日还要受继母的虐待，而后又被继母挑拨父子关系，真令人心寒。面对这种情境，吴子恬也真是有苦说不出，心里难免会生埋怨。

不过，幸运的是，吴子恬有一位贤良的妻子吴孙氏，她真是一位善良又明理的女子。时时在吴子恬身边安慰劝导他，使他在面对不平时，能够先忍耐下来，如此，避免了家庭冲突的发生。

吴孙氏不但会劝丈夫放下，她自己也很能忍耐。当吴子恬被继母虐待后，还会将脾气发在妻子身上，可吴孙氏却两边都要忍受，都要安抚。她见到丈夫被打，宁可代丈夫受责，回来后，丈夫气急责怪父亲，她还善加劝慰。另一边，吴孙氏又主动向公婆赔罪，缓和父子关系，以保持一家的和气。

继母不但平时对子恬夫妻不好，甚至在最后分家产时，还私吞了千两白银，又将荒地分给子恬夫妻。吴子恬终于忍无可忍，当天就想找继母理论，可又被吴孙氏拉住了。吴孙氏流着眼泪对他说："父亲尸骨未寒，分家已让人笑话，再去争吵，岂不有违祖宗教训……该是我们的，不会因为我们的谦让而减少一分……"几句明理的话，终于又唤起了丈夫的理智，避免了一场争斗。

可是继母那儿，虽得千两白银、美田豪宅，却也抵不过儿子的一个赌瘾。没几年，家产全被败光，生活落魄不堪，这也可以说是咎由自取。可当吴孙氏知道婆婆流浪街头、无法生活时，竟然马上起了做儿女的孝心，要接继母回来，照顾她。吴子恬想起继母曾经对自己的虐待，心里就不舒服，还不大愿意接继母回来。然而吴孙氏不计前嫌，深明大义，告诉丈夫，为人子尽孝道是本分，只要继母嫁给父亲一天，那就是自己的母亲，就应当要奉养，使得丈夫也很欢喜地去接回继母。

继母最终还是被感化了，看着儿子媳妇对自己真诚地孝敬，还帮着自己的亲生儿子改了赌博的坏习气，她流下了悔恨的泪水。想到以前对他们那么刻薄，没有一点儿好脸色，又私吞家产，故意分不好的田地给他们夫妻。可最终自己落魄街头时，却是儿子媳妇将自己接回来。生病时，是继子背自己去看大夫；在家中，媳妇又尽量做好吃的孝顺自己……一颗心，终于被融化了。

赵　妇

——孝侍婆母

元朝的时候，有一位姓赵的孝顺媳妇，是应城地方人。她为人忠厚老实，又很勤劳朴实，侍奉长辈尽心周到，是一位难得的好媳妇。

只是，赵妇的家里十分穷苦，她的丈夫又很早过世，只留下她一个人，上要奉养婆婆，下要抚育孩子，生活很是拮据。为了能更好地奉养婆婆，赵妇便去给别人家做工，用帮工赚来的钱养活婆婆和孩子们。

生性厚道的她，为了婆婆能够吃饱穿暖，做工时很是卖力，也因此深得主人家的喜欢。大家看到她做事踏实肯干，有什么需要帮忙的，也很愿意雇她来。虽然，帮工很辛苦，而且赚来的钱也不多，但赵妇都尽力让婆婆能吃得好一点，只是家境实在是太贫苦了，想要给婆婆吃好一些的饭菜，却也是无能为力。

由此，每当赵妇出去做工，主人家给她一点好吃的东西时，她都非常感恩，总是恭谨地将食物接过来，自己并不舍得吃，而是小心翼翼地包好、放妥，到帮工完后，再带回家给婆婆吃。

除此，若是遇上什么节日，有人送给她一些食物，或是遇上哪位邻居给她一点好吃的东西时，哪怕只是一小块糕点、几个包子、喜饼，赵妇都舍不得吃上一点，都是将它们细心收好，带回家给婆婆吃。

等赵妇将这些食物送到婆婆面前，给婆婆吃时，婆婆也总说："你也吃一点吧。"赵妇便会跟婆婆说自己做工时吃过了，或说自己不爱吃。婆婆若要分一点给孩子吃，赵妇又说孩子已经吃了，或是预先将孩子们支开。总是不忍心从那一点食物中再分出来些，希望婆婆能安心享用。而她自己虽然又累又饿，也仅是吃一点粗劣的饭菜来填一下肚子。

这位孝顺的赵妇很早就守了寡，家里又很贫困，她去为人帮工来奉养婆婆，已是很值得称道了。而每每得到好吃的食物，她一定要拿回家来给婆婆吃，这一片苦心是如何真挚啊！